Helga Fischer

Teamarbeit im Kindergarten

Helga Fischer

Teamarbeit im Kindergarten

Dienstbesprechungen und Planung – erfolgreiche Beispiele für die Praxis

HERDER

FREIBURG · BASEL · WIEN

Gedruckt auf umweltfreundlichem,
chlorfrei gebleichtem Papier

12. Auflage

Einbandgestaltung: Joseph Pölzelbauer, Freiburg
Einbandfoto: Arnold Brunner, Horben

www.herder.de
Herstellung: fgb · freiburger graphische betriebe 2002
www.fgb.de
ISBN 3-451-26728-4

Vorwort

Früher funktionierte der Kindergarten-Betrieb auch ohne lange Dienstbesprechungen. Die Einrichtungen waren klein. Die ErzieherInnen sprachen sich untereinander ohne große Formalität ab. Der Träger kümmerte sich selten um den Betrieb. Staatliche Regelungen existierten nicht.

Heute ist das anders. Kindergarten-Gesetze und Dienstordnungen bestimmen für alle gültig die Kindergartenarbeit. Der Erziehungsauftrag ist nicht mehr nur Sache einer/eines einzelnen Erzieherin/Erziehers. Eltern, Kollegen und Träger wollen in das Geschehen einbezogen werden. Es sind daher Absprachen, Planungen, Informationen, Begründungen notwendig. Alle Beteiligten wollen und sollen mitreden können. Die vorhandenen Gelder, Kräfte und Materialien müssen gerecht verteilt, sinnvoll verwendet verwendet und persönlich verantwortet werden.

Natürlich könnte man wie früher von Fall zu Fall zusammenkommen, um Absprachen zu treffen, Planungen auszutauschen, Entscheidungen abzuwägen. Und jede/jeder Erzieherin/Erzieher könnte für sich allein seine Arbeit durchführen. – Doch wäre solches Vorgehen heute noch vertretbar?

Als Antwort auf diese Frage will dieses Buch für die gegenwärtige Kindergarten-Praxis konkrete Wege aufzeigen.

Das Buch ist so aufgebaut, daß die verschiedenen Sachverhalte anhand eines Praxisbeispiels eingeführt werden, diese dann in größerem Zusammenhang kommentiert, generalisiert und mit vertiefenden Fragen an den Leser abgerundet werden.

Ziel dieses Buchs ist, für die ErzieherInnen im Kindergarten, aber auch für die Aus- und Fortbildung sozialpädagogischer Fachkräfte eine Erfahrungs- und Handlungsbasis zu schaffen, damit die Kindergartenarbeit insgesamt effektiv gestaltet werden kann.

Inhalt

1 Einführung: Warum Dienstbesprechungen unerläßlich sind

Der Kindergarten ist eine sozialpädagogische Institution mit einer bestimmten Organisationsstruktur, die aufgrund verschiedener Gegebenheiten wie Arbeitsteilung, Weisungsbefugnisse und Delegation von Verantwortung ein hierarchisches Prinzip erkennen läßt.

Aufgrund dieser institutionellen Bedingungen stellt der Kindergarten keinen Freiraum für pädagogisches Handeln von Erziehern* dar, sondern er ist eingebettet in die momentanen gesellschaftlichen, politischen und organisatorischen Macht- sowie Abhängigkeitsverhältnisse.

Aus diesem Grund werden laut Dienstordnung für den einzelnen Kindergarten Dienstbesprechungen gefordert, in denen das organisatorische und pädagogische Geschehen zu regeln ist. Daß diese Anordnung auch sinnvoll ist, soll im folgenden begründet werden.

Gemeinsame Absprachen

Der Kindergarten hat einen familienergänzenden Erziehungsauftrag. Die geforderte Ergänzung setzt jedoch

---

* Lesen Sie bitte im folgenden bei „Erzieher" jeweils auch „Erzieherin" mit.

nicht nur Verständigung über das bereits Vorhandene voraus, sondern auch Kenntnis über die erwartete Richtung der Ergänzung und zudem Kooperation bezüglich der Durchführung. Dies gilt sowohl für das Verhältnis Erzieher – Eltern als auch für das der Erzieher untereinander.

Eine lediglich vom einzelnen Erzieher bestimmte Vorgehensweise wäre demzufolge im Kindergarten gar nicht leist- und vertretbar. Darum sind Verständigung und Absprachen über die Arbeit der Erzieher mit Eltern, Kollegen und Träger notwendig.

Hinzu kommen organisatorische Gründe. Was würde beispielsweise passieren, wenn zwei Gruppenerzieherinnen sich zur gleichen Zeit vorgenommen hätten, mit den Kindern in der Küche zu backen, in der Eingangshalle zu turnen oder einen Museumsbesuch zu machen? Oder was könnte geschehen, wenn jede Erzieherin nur ihre eigenen Zielvorstellungen verfolgen würde und z. B. die eine den Kindern ihrer Gruppe größtmögliche Freiheit bei der Wahl von Material, Raum und Zeit ließe, die andere Erzieherin für die Kinder ihrer Gruppe das gemeinsame, übersichtliche Spiel samt gelenkten Aktivitäten bevorzugte?

Spätestens dann, wenn die Kinder der einen Gruppe das gleiche wollen wie die Kinder der anderen Gruppe, wenn die Eltern beider Gruppen sich untereinander austauschen und unter Umständen mit der Auffassung „ihrer“ Gruppenerzieherin nicht einverstanden sind und wenn die Betreffende sich durch Verhalten und Arbeit ihrer Kolleginnen in Frage gestellt fühlt – spätestens dann kann es zu Anfragen, Konkurrenzverhalten, Mißverständnissen, Vorhaltungen und Konflikten kommen.

Doch dem kann durch Arbeitsabsprachen und gemeinsamer pädagogischer Planung vorgebeugt werden. Aus diesem Grund sind Dienstbesprechungen notwendig.

Information und Sicherheit

Um gemeinsame Arbeitsabsprachen durchführen zu können, müssen Zeit und Raum vorhanden sein. Außerdem sollte jeder Mitarbeiter im Kindergarten die Möglichkeiten haben, am Gespräch teilzunehmen. Zu diesem Zweck sollten Dienstbesprechungen angesetzt werden, beispielsweise am kinderfreien Nachmittag.

Zwar könnte der einzelne Erzieher bei Bedarf lediglich mit den jeweils Betroffenen sein Vorhaben absprechen. Doch das wäre recht zeit- und personalaufwendig. Zudem wären die Kolleginnen nicht informiert. Das schafft Unsicherheit.

Wenn jedoch jeder im Kindergarten weiß, daß er mit den anderen seine Arbeit durchsprechen kann, dann erhält er nicht nur zusätzlich eine Rückversicherung, sondern die anderen können ihn auch in seinem Vorhaben unterstützen.

Heute wollen Eltern, Träger und Öffentlichkeit ebenfalls wissen, was im Kindergarten geschieht; sie wollen mitsprechen bei der Erziehung der Kinder, an der sie ja auch irgendwie beteiligt sind.

Dienstbesprechungen, in denen allgemeine und besondere pädagogische Vorgehensweisen gemeinsam beraten und begründet werden, entlasten daher nicht nur den einzelnen Erzieher, sondern sie schaffen auch durch die gemeinsam gefundene Handlungsbasis Sicherheit für alle. Zugleich wird dadurch das Kindergartengeschehen für Außenstehende verständlicher und durchschaubarer.

Zusammenhalt der Erzieher

In einer Einrichtung, in der mehrere Personen so dicht zusammenarbeiten wie im Kindergarten, ist es fast existenznotwendig, daß der einzelne Erzieher Offenheit und

Kooperationsbereitschaft mitbringt. Aufgrund solcher Verhaltensweisen aller kann in der Praxis allmählich ein Gemeinschaftsgefühl untereinander entstehen. Dieses kann besonders bei Kritik von außen stabilisierend sein und solidarisches Verhalten bewirken.

Durch die Erfahrung von Zusammenhalt und gemeinsamer Stärke kann dann auf Dauer im Kindergarten ein „Team" entstehen, in dem jeder einzelne so angenommen wird, wie er ist, in dem alle miteinander trotz verschiedener Schwächen kooperieren und sich zusammenfinden in der Absicht, mit ihren verschiedenen Fähigkeiten gemeinsam das Beste für die Kinder zu wollen.

Der wichtigste Ort, wo solcher Zusammenhalt der Erzieher wachsen kann, sind regelmäßige Dienstbesprechungen. Hier kann aufgrund kontinuierlicher Erfahrung miteinander Sicherheit und Vertrauen entstehen. Freilich kommt dieser Lernprozeß nicht von selbst zustande. Voraussetzung ist, daß der einzelne Erzieher motiviert ist, sich für das gemeinsame Ganze einzusetzen, daß er sich einer Auseinandersetzung mit den anderen stellt und daß er zwar Kritik an der Sache übt, aber Verständnis für die Personen zeigt.

Nach einer Weile der Zusammenarbeit im Team zahlt sich meist die individuelle Bereitschaft und der investierte Zeitaufwand aus: Aufgrund der freimachenden, entlastenden Wirkung von gemeinsamen Absprachen, Diskussionen und Aussprachen kann eine emotional tragende und anregende Kraft entstehen, so daß dann Dienstbesprechungen nicht mehr als „von oben" verordnete Notwendigkeit betrachtet werden, sondern als vernünftige und kontinuierliche Arbeitsbasis im Team gefordert werden.

Nicht zuletzt profitieren Kinder und Eltern von dieser Zusammenarbeit. Denn nichts ist unangenehmer, als wenn Erzieher sich vor anderen zanken oder hintenherum übereinander reden, anstatt ihre verschiedenen Standpunkte auszudiskutieren und ihre Probleme in Ruhe miteinander zu lösen.

Dienstbesprechungen sind also für alle im Kindergarten unerläßlich; vor allem, damit gemeinsame Erziehungs- und Arbeitsabsprachen getroffen werden und sich dadurch Sicherheit und Teamarbeit entwickeln können. Aber auch im Interesse des einzelnen Erziehers und seiner persönlichen Entwicklung sind Dienstbesprechungen wichtig.

2 Erfolgreiche Dienstbesprechungen – Bedingungen, Auswirkungen, Widerstände

Dienstbesprechungen sind dazu da, die Kindergartenarbeit zu organisieren, den Zusammenhalt unter den Mitarbeitern zu festigen, dem Kindergarten ein einheitliches Profil zu geben und Entlastung zu schaffen.

Doch wie sollten Dienstbesprechungen durchgeführt werden? Keiner im Kindergarten hat den Umgang damit richtig gelernt. Jeder hat nur bestimmte Vorstellungen und manchmal auch Vorerfahrungen. In bezug auf Dienstbesprechungen gibt es daher meist mehr Ängste und Befürchtungen als positive Erwartungen. Hinzu kommt, daß Dienstbesprechungen verordnet sind.

Aufgrund all dessen ergeben sich häufig Abwehr und Abneigung gegen die an sich gute Möglichkeit, dem Kindergarten eine für alle akzeptable Struktur zu geben.

Um hier einige entsprechende Vorurteile abzubauen und verschiedene Anregungen zu geben, wird im folgenden aufgezeigt, was zu tun ist, damit Dienstbesprechungen trotz verschiedener Schwierigkeiten erfolgreich verlaufen könnten. Dabei geht es nicht darum, ein klar gegliedertes Gerüst zur Durchführung von Dienstbesprechungen vorzustellen. Vielmehr wird anhand von Erfahrungen aus der Praxis herausgearbeitet, aus welchen Bedingungen bestimmte Auswirkungen resultieren, wo

Ansatzpunkte zur Verbesserung der dargesellten Situation existieren und warum.

Auf die dabei angesprochenen Aufgaben der Kindergarten-Leiterin wird hier nicht näher eingegangen. Sie werden gesondert im letzten Kapitel behandelt.

Der Akzent im vorliegenden Kapitel liegt auf den Möglichkeiten, die den Erziehern generell zur Durchführung von Dienstbesprechungen zur Verfügung stehen.

Die zeitliche Einteilung

Dienstbesprechungen, die nur dann und wann stattfinden, haben auf lange Sicht gesehen wenig Aussicht auf Erfolg. Warum das so ist, soll an einem Beispiel verdeutlicht werden.

In einem Kindergarten in D. ließ sich die Leiterin von den Mitarbeitern bereden, Dienstbesprechungen nur noch bei Bedarf anzusetzen. „Warum immer Mittwoch abends" hatten die Erzieherinnen geklagt. Sie brauchten dringend die Zeit zur Vorbereitung ihrer Gruppenarbeit, da der Pfarrer ihnen den kinderfreien Nachmittag gestrichen hatte. Da die Leiterin einerseits wollte, daß qualitativ gute Kindergartenerziehung geleistet wurde, sie andererseits den Mitarbeitern aber nicht zumuten wollte, ihre Freizeit zu opfern, ging sie auf die Wünsche der Erzieherinnen ein.

Dienstbesprechungen wurden fortan nur gelegentlich und in immer größeren Abständen durchgeführt. Statt dessen versuchte die Leiterin, die notwendigen Absprachen und Erörterungen anstehender Probleme in Einzelgesprächen mit den verschiedenen Erzieherinnen zu erreichen. Dabei mußte sie häufig bereits getroffene Übereinkünfte wieder rückgängig machen, weil nachträglich der eine oder andere nicht zustimmen konnte. Die Leiterin erlebte auch, daß sie vor vollendete Tatsachen gestellt wurde, weil z. B. eine Erzieherin, ohne sie zu fragen, eine Entscheidung getroffen und dann weitergegeben hatte.

Es stellte sich allmählich heraus, daß jeder im Kindergarten mehr oder weniger allein vor sich hinarbeitete. Die Leiterin bemühte sich zwar, die Kontakte untereinander herzustellen und zu erhalten. Doch langsam sah sie in ihrem Tun kaum noch Sinn. Sie reagierte den Mitarbeitern gegenüber bestimmend. Den Eltern gegenüber wurde sie unsicher. Die Unlustäußerungen von verschiedenen Erziehern verbreiteten eine allgemein pessimistische Einstellung zur Arbeit.

Durch eine neu eingestellte Praktikantin im Anerkennungsjahr ergab sich eine Veränderung. Die Praktikantin fragte erstaunt, warum nicht wöchentlich Dienstbesprechungen abgehalten würden. Sie sollte auf Weisung der Schule daran teilnehmen und sich dies bestätigen lassen.

Diejenige Erzieherin, die zugleich Anleiterin der Praktikantin war, schlug von sich aus ein Mitarbeitergespräch vor. Sie bat alle Kolleginnen zu kommen, dringende Arbeiten müßten halt einmal liegen bleiben. Die Erzieherin begann dann auch das Gespräch. Nachdem sie den Anlaß erklärt hatte, fuhr sie fort, daß sie sich schlicht überfordert fühle, neben ihrer Gruppenarbeit auch noch die Praktikantin sowohl zum praktischen Handeln mit den Kindern anzuregen, als auch alle ihre Fragen über Einrichtung, Konzeption, Angebote in anderen Gruppen etc. zu beantworten.

Die Leiterin bot sich gleich an, einen Teil der Praktikantenanleitung zu übernehmen. Dagegen jedoch wehrte sich die Praktikantin. Ihr würde es dann zuviel, neben den Kindern zusätzlich zu zwei Anleitern eine Beziehung aufzubauen. Sie fragte wieder nach den Dienstbesprechungen. Dort könnte sie ja einiges mehr über den Kindergarten-Betrieb und die Arbeit in den verschiedenen Gruppen erfahren.

„Ja, warum haben wir eigentlich so lange keine Dienstbesprechungen mehr gehabt?" überlegten alle. – Das Gespräch dauerte noch sehr lange. Es stellte sich dabei heraus, daß die Erzieherinnen ursprünglich von anderen Vorstellungen ausgegangen waren. „Wir sehen uns jeden Tag und reden ständig im Flur miteinander", dabei, so hatten sie gemeint, „können wir Informationen verteilen, Absprachen treffen, Probleme klären".

Doch was war dabei herausgekommen? Zwar waren organisatorische Probleme zwischen Tür und Angel abgesprochen worden. Auch Ideen für die Gruppenarbeit waren manchmal ausgetauscht und ein paarmal auch über auffällige Kinder geredet worden. In den wenigen Dienstbesprechungen wurden stets die wichtigsten Aufgaben (wie Praktikantenbewerbung, Organisation des Zahnarzt-Besuchs usw.) erörtert und auch zusammen ein Gesamtelternabend vorbereitet. Für einen gemeinsamen Erfahrungsaustausch und eine Auseinandersetzung mit der Kindergartenkonzeption und deren Weiterentwicklung hatte die Zeit nie gereicht.

Jeder hatte sich allmählich isoliert und alleingelassen gefühlt. Die Leiterin war sich stellenweise autoritär vorgekommen, weil sie viele Entscheidungen ohne gemeinsamen Beschluß treffen mußte. Zudem mußte sie aufgrund der fehlenden Übersicht Kontrollfunktionen übernehmen, die sie im Grunde ablehnte.

Alle merkten nachträglich, daß keiner diese Entwicklung gewollt hatte und daß es gut wäre, wenn wieder mehr zusammen geredet und geplant würde. Daraufhin wurde neu überlegt, wann und wie oft Dienstbesprechungen stattfinden könnten.

An diesem Beispiel läßt sich nachvollziehen, wie aufgrund äußerer Zwänge (Streichung des kinderfreien Nachmittags) für die Erzieher das Problem „Mehrbelastung" entsteht, das diese mit dem Vorschlag „weniger Dienstbesprechungen" zu lösen versuchten. Die Leiterin akzeptierte diesen Vorschlag, und zwar wegen der Begründung, daß den Erziehern durch weniger Dienstbesprechungen mehr Zeit zur individuellen Vorbereitung bliebe.

Das zugrundeliegende Problem „Mehrbelastungen" wurde jedoch nicht ausdiskutiert. Da der kinderfreie Nachmittag gestrichen wurde, mußten die Dienstbesprechungen vermutlich außerhalb der eigentlichen Dienstzeit durchgeführt werden. Daß daher von seiten der Erzieher Gegenvorschläge gemacht wurden, ist verständlich.

Obwohl in dem dargestellten Beispiel keinem eine böswillige Absicht unterstellt werden kann und sogar gelegentlich Dienstbesprechungen stattfanden, nahm deren Häufigkeit und damit auch die Kooperationsbereitschaft der Mitarbeiter auf Dauer ab. Die Ursachen dafür sind vermutlich in der Tatsache zu suchen, daß nicht genügend Zeit zur Verfügung stand und daß durch die sporadisch stattfindenden Dienstbesprechungen keine Kontinuität und damit keine verläßliche gemeinsame Handlungsbasis unter den Mitarbeitern entstehen konnte. Jeder zog sich daher enttäuscht immer mehr in seine eigene Arbeit zurück und war zugleich unzufrieden mit diesem Verlauf.

Die Wende kommt von außen durch eine neue Praktikantin. Es kommt zu einem Mitarbeitergespräch, in dem die Situation geklärt und eine neue Lösung des zugrundeliegenden Problems gesucht wird.

► *Möglichkeiten*

Dienstbesprechungen sollten in der regulären Dienstzeit stattfinden können, sonst kommt es möglicherweise mit Recht zu Abwehrreaktionen der Erzieher.

In ähnlichen Fällen wie in unserem Beispiel könnte zunächst überlegt werden, ob dem Problem „Mehrbelastungen“ nicht auch anders beizukommen wäre. Zudem könnten die Folgen der Entscheidung „weniger Dienstbesprechungen“ vorher genauer bedacht werden. Vereinzelung, fehlende Kooperation und mangelnder Überblick wäre dann vielleicht zu vermeiden.

Außerdem könnte jeder Mitarbeiter bei sich selbst die Auswirkungen dieser Folgen auf sein eigenes Verhalten (Rückzugsbestrebungen) besser beobachten und artikulieren. Auch die Leiterin könnte, bevor sie Vorschläge der Erzieher akzeptiert, sich auf ihre eigenen Interessen besinnen (z. B. Überblick haben, Informationen austauschen wollen) und diese bei ihrer Entscheidung berücksichtigen.

Eine geringe Veränderung der Problemlösung, nämlich die wenigen Dienstbesprechungen zumindest zeitlich länger auszudehnen, dürfte vermutlich nicht viel Sinn haben. Zwar könnten dann alle anfallenden Aufgaben und Probleme angesprochen, jedoch kaum zufriedenstellend gelöst werden. Denn die konzentrierte Beteiligung an solchen Gesprächen ist beim einzelnen begrenzt. Nach ca.

zwei Stunden läßt normalerweise die individuelle Aufmerksamkeit und Leistungsbereitschaft nach. Deswegen wären kürzere, aber häufigere Dienstbesprechungen sicherlich effektiver. Ob dann wirklich keine Zeit für die individuelle Vorbereitung der Erzieher übrigbleibt, müßte beiläufig geprüft werden.

► *Fazit*

Dienstbesprechungen sollten regelmäßig, d.h. wöchentlich, in der Dienstzeit der Mitarbeiter stattfinden und nicht zu lange dauern; sonst entwickeln die Mitarbeiter leicht aus einer berechtigten Abwehrhaltung bestimmte Veränderungsvorschläge, die für den Kindergarten-Betrieb nicht immer vorteilhaft sein müssen.

► *Was meinen Sie?*

- Auf welche andere Weise hätte das Problem „Mehrbelastung im Kindergarten" gelöst werden können?
- Wie hätten Sie anstelle der Leiterin gehandelt und warum?
- Wie würden Sie die Notwendigkeit regelmäßiger Dienstbesprechungen begründen?

Die Erwartungen

Wenn Dienstbesprechungen in der Arbeitszeit der Erzieher angesetzt werden, versteht es sich von selbst, daß alle anwesend sind. Darüber hinaus hängt die Beteiligung der einzelnen auch mit anderen Faktoren zusammen.

Die Dienstbesprechungen im Kindergarten in A. waren eigentlich immer recht effektiv verlaufen. Die Leiterin hatte stets einige Diskussionspunkte vorbereitet; das Gespräch leitete sie straff, für unwesentliche Dinge wurde keine Zeit verschwendet. Die Dienstbesprechungen dauerten daher nie über Gebühr lange und endeten meist mit einem konkreten Ergebnis.

Dennoch breitete sich allmählich unter den Mitarbeitern Unzufriedenheit aus. In einem Gespräch wurde dann geäußert, es ginge in den Dienstbesprechungen immer alles so schnell. Nie sei Zeit, ein angesprochenes Problem auszudiskutieren; wenn einer mit der gefundenen Lösung noch nicht einverstanden sei, werde trotzdem von der Leiterin auf mehrheitliche Entscheidung gedrängt und auf Schwierigkeiten von einzelnen würde nicht eingegangen.

Bei den nach Meinung der Erzieher hektisch verlaufenden Mitarbeiterbesprechungen traute sich auch keiner, persönliche Probleme einzubringen, weil jeder befürchtete, dann bloßgestellt zu sein und mit seinem Problem allein fertig werden zu müssen. Denn die Leiterin erzählte auch niemals von sich persönlich. Sie wirkte relativ verschlossen auf die Erzieher und ging kaum einmal auf einen der Erzieher zu.

Allmählich hatten die Erzieher passiv reagiert, so daß die Vorschläge der Leiterin meist problemlos angenommen und durchgeführt werden konnten.

Die Leiterin war nach diesen Mitteilungen überrascht und betroffen. Ihr war daran gelegen gewesen, die Dienstbesprechungen kurz, aber produktiv zu gestalten. Daß sie jemanden mit ihrem zügigen Besprechungsstil überfahren hatte, war ihr nicht bewußt. Sie war in ihrer Art sachlich, zielorientiert und an einem geordneten Betriebsablauf interessiert. Ihr war entgangen, daß die übrigen Mitarbeiter das Bedürfnis hatten, über ein reibungsloses Funktionieren des Kindergarten-Alltags hinaus sich im gemeinsamen Gespräch Klarheit über verschiedene Probleme zu verschaffen.

Ohne versprechen zu können, sich von heute auf morgen zu ändern, wollte die Leiterin wenigstens künftig versuchen, die Dienstbesprechungen lockerer und mit mehr Spielraum für den persönlichen Erfahrungsaustausch anzugehen.

In diesem Beispiel zeigte sich, wie sehr die Zufriedenheit der Mitarbeiter in den Dienstbesprechungen vom Führungs- und Kommunikationsstil der Leiterin abhängig war. Die geäußerten Schwierigkeiten machen deutlich, daß die Mitarbeiter andere Erwartungen hatten als die Leiterin.

Die Mitarbeiter wollen, ohne dies jedoch zu erwähnen, über die Klärung organisatorischer Fragen hinaus, gemeinsam Probleme erörtern. Da ihre Erwartung nicht in Erfüllung geht, ziehen sie sich enttäuscht zurück und überlassen der Leiterin das Feld.

Die Leiterin ihrerseits erwartet von den Erziehern ein flottes, komplikationsloses Gesprächsverhalten, und da kein Widerspruch erfolgt, fühlt sie sich in ihrer Erwartung bestätigt und fährt in ihrer Führungs- und Kommunikationsart weiter fort.

Unausgesprochen schwingen auf beiden Seiten auch unterschiedliche Erwartungen im Hinblick auf die Gesprächsleitung mit: Die Erzieher möchten nicht gehetzt und in eine vorgegebene Richtung gedrängt werden, sondern sie wollen als Kommunikationspartner ernstgenommen und verstanden werden – auch wenn das Zeit kostet. Die Leiterin sieht bei den Dienstbesprechungen eine Fortsetzung ihrer allgemeinen Leitungsfunktion, die sie im Sinne einer zügigen Führung versteht, und verhält sich entsprechend.

Trotz dieser angesprochenen Unterschiede gibt es bei Erziehern und Leiterin die übereinstimmende Erwartung, daß in Dienstbesprechungen die Kommunikation und Kooperation untereinander geklärt und gefördert werden sollte; sonst hätten die Erzieher ihre Kritik nicht geäußert, und die Leiterin wäre nicht darauf eingegangen.

Diese Übereinstimmung steht in Zusammenhang mit der theoretischen Erkenntnis, daß jede Kommunikation eine Inhalts- und eine Beziehungsebene hat, die beide zu berücksichtigen sind, soll die Kommunikation für alle zufriedenstellend verlaufen.

Noch ein anderes Kommunikations-Phänomen wird in dem beschriebenen Beispiel deutlich: Durch die nicht erfüllten Erwartungen der Mitarbeiter verflacht deren Motivation, die Kommunikation verläuft relativ einseitig. Erst als die Mitarbeiter etwas zur Realisierung ihrer Erwartungen unternehmen (indem sie Kritik an der Leiterin äußern), kommt die Kommunikation wieder von beiden Seiten in Gang.

In diesem Zusammenhang ist auch noch ein anderer Aspekt wichtig: Solange die Kommunikation einseitig, nur nach den Vorstellungen der Leiterin verlief, kam keine Offenheit auf. Das zeigt sich sowohl bei den Mitarbeitern, die befürchten, bloßgestellt und alleingelassen zu werden, als auch bei der Leiterin, die von sich selbst nichts erzählt. Die Lösung des Problems bestand daher zu Recht in der gemeinsamen Aussprache, in der persönliche Informationen und Erfahrungen ausgetauscht wurden. Die Erwartungen der Erzieher, persönliche Probleme miteinander zu besprechen, werden also praktisch umgesetzt, als die Erzieher selbst Offenheit als Voraussetzung für ihre Erwartungen geschaffen hatten. Sie machten sich damit vom Verhalten der Leiterin und deren Erwartungen unabhängig und wurden zugleich zu eigenständigen Kommunikationspartnern.

Daraus folgt, daß Erwartungen nicht nur geäußert, sondern auch in Kommunikation umgesetzt werden müssen, wenn sie verwirklicht werden sollen.

► *Möglichkeiten*

Wenn in Dienstbesprechungen möglichst zu Beginn individuelle Erwartungen und Befürchtungen gegenseitig angesprochen werden, dann lassen sich für den künftigen Verlauf manche Schwierigkeiten vermeiden. Bei solchen Klärungsgesprächen, die zu einer gemeinsamen Perspektive aller Beteiligten führen müßten, sollte genügend Zeit zum Austausch persönlicher Informationen angesetzt werden. Dabei sollte auf die Art der Kommunikation geachtet werden und darauf, daß Inhalts- und Beziehungsebene gleichermaßen berücksichtigt sind.

Wichtig ist auch, zunächst davon auszugehen, daß viele verschiedene Erwartungen vorhanden sind, die dann im Hinblick auf das jeweils gemeinsam anzustrebende Ziel geklärt bzw. zur Übereinstimmung gebracht werden müßten. Sonst kommt es schnell zu Konflikten.

Diese Erwartungsklärung kann im Gespräch, aber auch auf spielerische Weise geschehen. Beispielsweise so, daß jeder Gesprächsteilnehmer zwei „Erwartungskärtchen" ausgeteilt bekommt; auf dem einen notiert er, was er sich für die betreffende Dienstbesprechung (oder auch allgemein von Dienstbesprechungen) am meisten wünscht, auf das andere Kärtchen schreibt er, was er am meisten befürchtet. Die Kärtchen von allen Teilnehmern werden eingesammelt, sortiert und dann insgesamt diskutiert. Auf diese Weise kann eine aufgelockerte Atmosphäre entstehen; vor allem kommt damit eine gleichgewichtige Kommunikation von den verschiedenen Seiten zustande, und jedem ist am Ende klar, was gemeinsam erreicht werden soll.

Auch dann, wenn in den Dienstbesprechungen unter den Mitarbeitern Spannungen entstanden sind, ist es wichtig, bei einem Klärungsversuch zunächst die einzelnen Erwartungen zu überprüfen. Denn durch unterschiedliche Vorstellungen und Bedürfnisse entstehen, wie sich ja zeigte, leicht Mißverständnisse, die die individuelle Motivation und Kommunikationsbereitschaft behindern.

Wichtig bei solchen Klärungen ist immer, daß jeder mit seinen Erwartungen und Problemen ernstgenommen wird und in den Gesprächen keine vorschnelle Beurteilung des einzelnen geschieht. Sonst entsteht in der Kommunikation ein Oben und Unten, so daß die notwendige Offenheit kaum aufkommen kann. Doch erst aufgrund von Offenheit ist Angenommenwerden wirklich möglich, und erst dann kann sich eine verläßliche gemeinsame Kommunikationsbasis entwickeln.

Diese Erwägungen gelten insbesondere für denjenigen, der die Gesprächsleitung in der Dienstbesprechung übernommen hat. Das muß nicht immer die Kindergartenleiterin sein. Wünschenswert wäre, wenn die Erzieher sich in dieser Aufgabe abwechseln würden. Denn dann kann ein dominantes Leiterverhalten vermieden werden, das eine offene Kommunikation mit allen Beteiligten erschwert.

▶ *Fazit*

In Dienstbesprechungen, in denen die unterschiedlichen Erwartungen der Erzieher – auch hinsichtlich der Gesprächsleitung – geklärt sind, kann offener und genauer miteinander umgegangen werden. Zugleich kann aufgrund der dann zusammen festgelegten Zielvorstellung die Kindergartenarbeit von allen Erziehern einheitlicher durchgeführt und besser gemeinsam verantwortet werden.

▶ *Was meinen Sie?*

- Wie hätten Sie im vorstehenden Beispiel auf das verschlossene Verhalten der Leiterin reagiert?
- Wie beurteilen Sie die Äußerungen bzw. die Kritik der Mitarbeiter?
- Was würden Sie tun, um die Dienstbesprechungen im Kindergarten anders zu gestalten?

Die Vorbereitung

Wenn Dienstbesprechungen regelmäßig und aufgrund geklärter Erwartungen stattfinden, ist sehr viel für das Gelingen dieser Besprechungen getan. Darüber hinaus sind noch andere Voraussetzungen zu beachten.

In einem Kindergarten in F. setzten sich alle Mitarbeiter jeden Donnerstagnachmittag von 15.30 Uhr bis 17.00 Uhr zusammen, um die kommende Woche vorzubereiten. Jeder erzählte dabei, was er für die Gruppenarbeit geplant hatte, welche besonderen Ereignisse anfielen, und fragte, wenn er Unterstützung von anderen benötigte. Die Leiterin brachte ihrerseits gemeinsam anfallende Aufgaben zur Sprache.

Allmählich entstand eine gespannte Atmosphäre bei diesen Gesprächen. Es wurde nur noch das Notwendigste berichtet. Kritik war des öfteren zu hören. Auf gegenseitige Nachfragen reagierten die Erzieher schnell gereizt. Bei der Verteilung von Aufgaben wurde häufig abgewehrt mit der Bemerkung „warum immer ich". Trafen zwei Erzieher während der Arbeitszeit oder in der Mittagspause zusammen, fielen manchmal abfällige Äußerungen über diese oder jene Kollegin.

In einer Dienstbesprechung ging die Leiterin von sich aus auf das verschlechterte Arbeitsklima ein: Sie fühle sich in der letzten Zeit nicht mehr wohl im Kindergarten, und sie wolle wissen, ob es den anderen auch so ginge. – Zunächst Schweigen. Dann warf eine Erzieherin mit spitzem Unterton ein, ihr würde es schon lange nicht mehr gefallen, weil hier einige privilegiert seien. Eine andere Erzieherin nickte.

Die Leiterin fragte nach, was mit diesem Vorwurf gemeint sei. „Hier", so erläuterte die Erzieherin, „gibt es Leute, die kommen und gehen können, wann sie wollen, und dafür dürfen die anderen dann die Arbeit allein machen." – Wer mit diesen „Leuten" gemeint sei? – Natürlich Frau B. Sie habe immer neue Entschuldigungen, daß sie an den Dienstbesprechungen nicht teilnehmen könnte; mal sei es Übelkeit, dann ein Behördengang, dann Krankheit des Kindes usw.

Diesmal war Frau B. anwesend und nahm Stellung. Man könne ihr nicht vorwerfen, sie leiste keine gute Arbeit; daß sie mehrmals bei Dienstbesprechungen gefehlt habe, das stimme. Sie habe dann dringende Verpflichtungen gehabt, und aufgrund dessen seien ihr die wöchentlichen Mitarbeitergespräche wie reine Zeitvergeudung vorgenommen. – Wieso? – Es sei doch bloß immer das gleiche geredet worden wie: „Was mache ich in der nächsten Woche mit den Kindern? Was machen wir an diesem Fest? Wer hängt neue Bilder im Flur auf", usw. Zur Beantwortung solcher Fragen brauche man wirklich keine eineinhalben Stunden Zeit, dazu reichten auch 30 Minuten.

„Aber", meinte eine andere Erzieherin, „wir haben uns doch nun einmal entschlossen, regelmäßig genug Zeit anzusetzen, damit wir auch ausführlich diskutieren können."

Frau B. erwiderte, sie habe damals auch diese Entscheidung gutgeheißen, jetzt sei sie jedoch sehr enttäuscht, wie die Dienstbesprechungen abliefen. Es ginge alles durcheinander. Eingegangen würde auf die verschiedenen Beiträge nicht, die Probleme würden nur individuell und oberflächlich geklärt. Auch bei gemeinsamen Aktivitäten im Kindergarten würde fast immer nur überlegt: Wie ziehen wir sie auf? Wer organisiert Was? – Dies sei ihr einfach zu wenig! Bei solchen Vorüberlegungen brauchten ihrer Meinung nach wirklich nicht alle dabei zu sein. Sie könne sich nicht erinnern, schon einmal von einer Dienstbesprechung für sich profitiert zu haben. Darum könne sie ihr gelegentliches Fehlen auch rechtfertigen.

Diese Einstellung von Frau B. ärgerte eine andere Erzieherin. „Wo kämen wir denn hin, wenn jeder so denken und sich das Recht zum Fehlen herausnehmen würde?" meinte sie. Sie persönlich fände Inhalt und Verlauf der Dienstbesprechungen auch nicht besonders erhebend; sie habe allerdings absolut keine Lust, sich allein den Kopf für den Kindergarten zu zerbrechen und für andere auch noch die Arbeit zu übernehmen!

Die Leiterin, die damals sehr auf die Einrichtung von Dienstbesprechungen gedrängt hatte, argumentierte, daß diese doch notwendig seien, damit der ganze Betrieb funktioniere. Was die anderen Mitarbeiter meinten?

Alle hatten damals sehr hohe Erwartungen auf die gemeinsamen Gespräche gesetzt. So wie sie jetzt abliefen, war keiner begeistert. Jeder hatte auch registriert, daß Frau B. öfter fehlte, sich „drückte", und manchmal hätte jeder gern das gleiche getan, sich aber nicht getraut. Dafür hatte fast jeder versucht, sich wenigstens in den Dienstbesprechungen zurückzuhalten, damit er nicht noch zusätzliche Aufgaben aufgeladen bekam; allerdings mit einem mehr oder weniger schlechten Gewissen.

Die Leiterin kam nochmals auf die Äußerung von Frau B.: „Das ist immer das gleiche Gerede", zurück. Stimmte das? Ihr war das nicht aufgefallen; für sie war wichtig gewesen, daß die Dienstbesprechungen überhaupt in Gang kamen. – So schlimm sei es nun nicht gewesen, meinten die anderen, aber auf jeden Fall langweilig.

Was zur Verbesserung getan werden könnte? – Es müßte eine strengere Führung der Dienstbesprechungen mit Diskussionsleitung, Protokollschreiben und Tagesordnung geben. – Aber das hätten sie ja gerade abschaffen wollen damals! Jeder wollte für sich aufpassen und das einbringen, was ihm wichtig erschien. Dennoch, so wurde überlegt, habe die Erfahrung gezeigt, daß einer die Zügel in die Hand nehmen müßte, der dann angeben konnte, wohin das Gespräch führen sollte.

Die Leiterin wehrte sich sofort, obwohl sie die Idee an sich richtig fände, wolle sie diese Führerrolle dann nicht einfach übernehmen. Sie wären sich früher einig gewesen, daß alle zusammen die Kindergartenarbeit verantworteten und dabei würde sie es gern belassen.

„Warum nicht auch mal andere?", fragte Frau B. Sie wäre bereit, ab und zu auch mal eine Dienstbesprechung zu leiten. – Man könne ja reihum wechseln, meinte eine Kollegin. – Nein, besser sei, wenn jeder dort die Führung übernähme, wo er sich stark fühle, entgegnete eine andere. Alle nickten. – Damit war wieder Einigkeit hergestellt.

In dem zuvor beschriebenen Beispiel verwandelte sich die anfängliche Motivation der Mitarbeiter bezüglich regelmäßiger Dienstbesprechungen in Langeweile und Ablehnung. Als Gründe wurden vor allem der gleichbleibende Ablauf, die fehlende Tiefe in den Gesprächen und die mangelnde Führung genannt.

Die Tatsache, daß eine Kollegin mit Fernbleiben reagierte, löste bei den übrigen Erziehern zusätzlichen Ärger und Konkurrenzverhalten aus. Da keiner mehr tun wollte als die anderen, beobachteten sie sich gegenseitig und kritisierten hintenherum. Aufgrund dessen entstand allmählich eine gespannte Arbeitsatmosphäre.

Es entzündete sich jedoch kein größerer Konflikt, weil die Leiterin, die keine Führungsposition beanspruchen wollte, von sich aus die Situation ansprach.

Im gemeinsamen Gespräch konnte dann eine Klärung gefunden werden, weil die verschiedenen Erfahrungen und Erwartungen ausgesprochen wurden. Am Ende waren die Erzieher sogar bereit, sich an der Gestaltung der Dienstbesprechungen zu beteiligen.

► *Möglichkeiten*

Wenn Dienstbesprechungen im Kindergarten mit Routine und immer nach dem gleichen Schema ablaufen, dann entstehen möglicherweise Gleichgültigkeit, Rückzug und Kritik. Ein gereiztes Betriebsklima ist die Folge.

Bei der Vorbereitung von Dienstbesprechungen sind daher verschiedene Aufgaben zu beachten: Zunächst müssen alle anstehenden Fragen, Probleme und Arbeitsvorhaben gesammelt, sortiert und möglichst auf das Wesentliche reduziert werden. Unter Umständen müssen noch fehlende Informationen besorgt werden. Anschließend ist die betreffende Dienstbesprechung unter bestimmten Themen- oder Fragestellungen vorzustrukturieren, damit in der gemeinsamen Diskussion später gemeinsame Lösungen gefunden bzw. sachlich richtige Entscheidungen getroffen werden können.

Es reicht also nicht aus, wöchentliche Dienstbesprechungen anzusetzen und zu hoffen, daß sich von selbst genügend Gesprächsstoff ergeben wird.

Auch der äußere Rahmen (ruhiger Raum, bequeme Sitzgelegenheit, vielleicht Tee usw.) ist vorzubereiten. Den Beteiligten sollte die abgehobene, besondere Situation der Dienstbesprechungen deutlich werden und jeder sollte sich wohl fühlen können.

Im Hinblick auf die Durchführung der Dienstbesprechungen ist zu bedenken, daß der Beginn zeitlich genau festgesetzt und auch eingehalten wird. Sehr leicht schleifen sich sonst Laschheit und Unzufriedenheit ein. Schnell zu erledigende Fragen und Aufgaben lassen sich recht gut am Anfang das Gesprächs behandeln. Damit hat der einzelne Gesprächsteilnehmer Zeit, sich langsam in die gemeinsame Gesprächssituation hineinzufinden, sich gleichsam anzuwärmen für tiefergehende Problemerörterungen. Wichtig ist, daß Erwartungen und Befürchtungen genannt, individuelle Schwierigkeiten angesprochen werden.

Weiter wäre wünschenswert, wenn der Ablauf der Dienstbesprechungen variabel geplant würde. Beispielsweise könnte zum Einstieg in ein Problem eine einfache Pro-und-Kontra-Diskussion gewählt werden, oder die Problemdarstellung könnte in Form eines Rollenspiels geschehen. Wichtig ist immer, daß gleich zu Beginn möglichst alle aktiv beteiligt werden können.

Wer die Durchführung der einzelnen Dienstbesprechungen übernehmen sollte, liegt weitgehend an den Fähigkeiten der Beteiligten, deren Bereitschaft, sich zu engagieren und am Grad des Zusammenhalts im Team. Daß eine Leiterin z. B. bei einer neuen Mitarbeiterbesetzung im Kindergarten am Anfang stärker selbst die Führung übernimmt, kann unter Umständen sinnvoll sein. Dann können sich alle zunächst leichter eingewöhnen und sich orientieren. Sie können sich dann allmählich bei zunehmender Sicherheit in ihrem eigentlichen Aufgabenbereich und für übergreifende Aufgaben im Kindergarten einsetzen, ohne daß sie überfordert werden. Bei erfahrenen Erziehern kann diese Eingewöhnungs- bzw. Schonphase meist wegfallen.

Ob nun für jede Dienstbesprechung Vorbereitung und Gesprächsleitung reihum zu wechseln haben oder nicht, sollte nicht so genau festgelegt werden. Die jeweilige Situation und die Betroffenheit der einzelnen Beteiligten bei den zu verhandelnden Problemen wären vorrangig zu berücksichtigen.

Zielvorstellung sollte in jedem Fall immer die gemeinsam gestaltete Dienstbesprechung sein. Trotzdem sollte vorüberlegt werden, wer jeweils die Führung übernimmt, damit die anderen frei sind, sich tiefer in die betreffenden Probleme hineinzubegeben.

▶ *Fazit*

Wenn Dienstbesprechungen genau vorbereitet und abwechslungsreich geplant werden, dann ist damit zwar noch keine Gewähr, jedoch die Möglichkeit für ein gutes Gelingen der jeweiligen Besprechung gegeben.

▶ *Was meinen Sie?*

- Wie beurteilen Sie in dem angeführten Beispiel die Absprache der Erzieher, reihum die Vorbereitung und Führung der Dienstbesprechungen zu übernehmen?
- Welche Vorschläge hätten Sie bezüglich der Gestaltung von Dienstbesprechungen?
- Wie können sich Ihrer Meinung nach gut vorbereitete Dienstbesprechungen auf die Erzieher und deren Verhalten auswirken?

Das Miteinander

Die Durchführung einer Dienstbesprechung geschieht durch die Art, wie die Erzieher miteinander umgehen und wie sie mit auftauchenden Schwierigkeiten fertig werden. Erfolgreiche Dienstbesprechungen sind also abhängig von bestimmten Verhaltensweisen der Mitarbeiter.

In den Mitarbeiterbesprechungen des Kindergarten St. C. wurde immer ein Drittel der Zeit für die Erörterung von Erzieherproblemen verwendet. Dadurch war es langsam zur Gewohnheit geworden, daß jeder über seine Schwierigkeiten ohne größere Hemmungen oder Schuldgefühle berichtete, daß die anderen dann nachfragten, bis sie das Problem verstanden hatten, und anschließend verschiedene Lösungsmöglichkeiten zusammentrugen. Während solcher Gespräche machten die Erzieher sich auch gegenseitig auf Unstimmigkeiten, unverständliche Reaktionen und ungünstige Auswirkungen ihres Verhaltens aufmerksam.

In einer dieser Besprechungen schilderte eine Anerkennungsjahr-Praktikantin, welche Mühe und Ängste sie bei der Leitung der ganzen Gruppe habe. Jedesmal, wenn die zuständige Erzieherin den Gruppenraum verließ, täten die Kinder alles Mögliche, was sonst nicht erlaubt sei (z.B. Spucken, Legosteine durch die Luft werfen, laut und anhaltend schreien); anschließend würden sie die Praktikantin herausfordernd anblicken und ihre ausgesprochenen Verbote ignorieren. An diesem Morgen sei es besonders schlimm gewesen. Die Gruppe habe sie, als die Erzieherin draußen war, dermaßen provoziert, daß ihr vor den Kindern die Tränen gekommen seien und die Kinder sie dann auch noch ausgelacht hätten.

Die Gruppenerzieherin, die zugleich Anleiterin der Praktikantin war, machte sich offen Vorwürfe, weil sie während der geschilderten Situation ein Elterngespräch geführt hatte. Sie versuchte die Praktikantin zu trösten mit dem Hinweis, das seien typische Anfangsschwierigkeiten. Die Kinder würden bei jedem neuen Mitarbeiter ausprobieren, wie weit sie gehen könnten. Da die Erzieherin jedoch selbst keinen Weg sah, wie sich die Schwierigkeiten und die daraus resultierenden Ängste der Praktikantin beheben ließen, fragte sie die übrigen Kolleginnen.

„Eine Erzieherin, die im Kindergarten weint, weil sie mit den Kindern nicht zurechtkommt, gehört nach Meinung der Kindergruppe ausgelacht“, sinniert eine Erzieherin. „Positiv gewendet bedeutet das“, meinte eine andere, „daß die Kinder von ihrer Erzieherin erwarten, daß sie mit ihnen fertig wird, also Autorität zeigt“, und das wäre doch akzeptabel. „Oder umgekehrt“, fuhr die nächste Erzieherin fort, „die Kinder erkennen nur einen Erzieher mit Autorität an!“

Die Praktikantin reagierte auf diese Äußerungen zunächst mit Resignation. Genau das sei es! Sie habe keine Autorität, und darum käme sie auch nicht mit den Kindern klar!

Eine Erzieherin fragte nach, woher denn Autorität komme? Für sie äußere sich Autorität in einem ruhigen, bestimmten Auftreten, das allerdings erst dann zustandekomme, wenn man verschiedene Fähigkeiten, Kenntnisse und Erfahrungen gewonnen habe. Die Praktikantin jedoch stehe erst am Anfang dieses Prozesses. Sie könne daher von sich auf Anhieb nicht das erwarten, was die Kolleginnen hier sich mühsam erworben hätten. Außerdem habe auch heute noch jeder von ihnen immer wieder neue Schwierigkeiten mit den Kindern.

Diese Überlegungen beruhigten die Praktikantin ein wenig. Trotzdem sei ihr mit dieser Erkenntnis noch nicht die Angst vor den Kindern genommen! Das verstanden alle. Die Gruppenerzieherin bestätigte daraufhin, daß es für sie auch nicht immer leicht sei, gerade mit dieser Gruppe umzugehen. Einige Kinder würden immer etwas Außergewöhnliches anstellen. Sie könne daher gut verstehen, wenn die Praktikantin die Gruppe vielleicht wechseln möchte.

Die Leiterin bot dagegen an, ob sie zunächst lieber eine kleine feste Kindergruppe zugeteilt bekommen wollte, um durch deren Leitung Sicherheit im Umgang mit den Kindern zu gewinnen. Eine Erzieherin berichtete, daß sie in einem ähnlichen Fall weitergekommen sei, als sie mit den Kindern ruhig geredet und ihnen die Auswirkungen ihres Verhaltens auf einfache Weise klar gemacht hatte. – „Oder", überlegte die Anleiterin laut, ob es vielleicht eine Möglichkeit sei, wenn sie mit der Praktikantin zusammen den Kindern ausführlich erzählen würde, daß die Praktikantin noch zur Schule ginge und lerne, wie sie mit Kindern umgehen müsse und daß die Kinder selbst ihr dabei am besten helfen könnten.

Der Praktikantin, der es am Anfang peinlich gewesen war, mit ihrem Versagen so im Mittelpunkt des Gesprächs zu stehen, merkte, daß sie allmählich den Mißerfolg am Morgen gar nicht mehr so tragisch nahm. Sie empfand es als wohltuend und ermutigend, daß fünf Leute sich wegen ihrer Schwierigkeiten Gedanken machten. Nach kurzer Überlegung entschied sie: In einer anderen Gruppe müsse sie wieder ganz von vorn anfangen; möglicherweise käme sie dann wieder an den Punkt, wo sie jetzt stehe. Sie müsse es lernen, der Gruppe die Stirn zu bieten. Sie wolle daher lieber in der jetzigen Gruppe bleiben. Es sei doch gelacht; sie müsse doch mit den Kindern klar kommen!

Dieses Beispiel macht deutlich, wie durch kollegiales Verständnis und konstruktive Vorschläge von Erziehern eine

Praktikantin ihr Mißerfolgserlebnis annehmen kann und sogar einen neuen Versuch wagt.

Das Verhalten der Erzieher war gekennzeichnet durch selbstverständlich akzeptierende Haltung, weiterführende Fragen, Darstellung vergleichbarer eigener Erfahrungen, Zusammenhänge ergründende Überlegungen, Eingeständnis eigener Schwierigkeiten, positiv gewendete Klarstellungen sowie Angebote zu alternativen Handlungsmöglichkeiten. Es fehlten Rivalität, Machtstreben und Ausflüchte.

Das betreffende Gespräch in der Dienstbesprechung nahm einen bestimmten Verlauf: Die Praktikantin begann mit ihrer Problemschilderung. Die Erzieher versuchten vorsichtig, das zugrundeliegende Problem der Praktikantin (die fehlende Autorität) herauszuschälen. Dann führten sie die Praktikantin an deren Situation sachlich, ohne zu beschönigen, heran. Sie äußerten eigene Ideen, ohne der Praktikantin eine Entscheidung abzunehmen.

Die Praktikantin ihrerseits ging (vermutlich aufgrund von Erfahrungen in vorangegangenen Dienstbesprechungen) auf den Kooperationsstil der Kolleginnen ein. Sie folgte den Gedankengängen der anderen, schaltete sich mit eigenen Überlegungen ein und hörte den alternativen Möglichkeiten so lange zu, bis ihr selbst eine angemessene Problemlösung einfiel.

Hätte die Praktikantin in der Verfassung, in der sie sich befand, kritische Äußerungen oder gar Belehrungen zu hören bekommen, dann hätte sie sich möglicherweise auf ihr Mißerfolgserlebnis zurückgezogen und damit sich selbst den Eindruck ihrer angeblichen Unfähigkeit bestätigt. So aber scheint es, daß sie am Ende des Gesprächs ihre eigene Ausbildungssituation angemessen einzuschätzen vermochte.

▶ *Möglichkeiten*

Dieses offene kollegiale Verhalten der Erzieher untereinander

ander und gegenüber der Praktikantin ist nicht in jedem Kindergarten vorhanden. Dennoch sollte es als Handlungsperspektive allgemein akzeptiert werden.

Dort, wo sich der einzelne Mitarbeiter im Kindergarten von den anderen angenommen fühlt, kann er sich eher seiner selbst sicher sein, offen und mutig reagieren als in einem relativ distanzierten Arbeitsverhältnis. Auf die übrigen Erzieher kann er besser gelassen reagieren, weil er nicht rivialisieren, sich verteidigen oder rechtfertigen muß.

Damit solches Verhalten sich auch in Dienstbesprechungen zeigen kann, muß Zeit und Raum gegeben werden. Entscheidend ist auch, daß jeder sich auf sich selbst besinnt, sich in Ruhe auf die Kommunikation einläßt und sich nicht unter Druck setzt, eine bestimmte Lösung erreichen zu wollen. Wenn sich mehr oder weniger alle Mitarbeiter dann in solcher Weise verhalten, spielt sich allmählich im Kindergarten ein offenes, konstruktives Miteinander ein, wie es im vorstehenden Beispiel beschrieben wurde.

Nicht überall ist es üblich, daß Praktikanten an Dienstbesprechungen teilnehmen oder daß sie mit ihren Problemen im Mittelpunkt des Mitarbeitergesprächs stehen. Das bleibt meist der Besprechung mit dem Praxisanleiter vorbehalten. An dem beschriebenen Beispiel hier zeigt sich jedoch, daß der Kommunikationsprozeß im Kindergarten unvollständig bliebe, würde die Praktikantin von den Dienstbesprechungen ausgeschlossen. Die Art des kollegialen Miteinanders wirkt sich vielmehr besonders günstig aus. Gerade weil die Praktikantin ganz selbstverständlich in den Kreis der Mitarbeiter aufgenommen wurde, konnte sie sich sehr schnell auf deren offenen Umgangsstil einlassen, von ihrem Mißerfolg berichten und den weiterführenden klärenden Überlegungen der Erzieher folgen.

Praktikanten haben zwar in bezug auf die Belastungen

und Anforderungen einen Sonderstatus, nicht aber in bezug auf die Beteiligung an Dienstbesprechungen. Vor allem dort können sie wesentliche berufliche Lernerfahrungen machen. Freilich erübrigt sich damit nicht eine gezielte Praktikantenanleitung. Diese wird am besten geleistet von demjenigen Erzieher, in dessen Gruppe der Praktikant mitarbeitet. Denn sachkundige Anleitung zum praktischen Handeln kann nur aus der konkreten Situation heraus geschehen, und dazu ist die unmittelbare Anwesenheit des Anleiters notwendig.

Durch das offene und konstruktive Verhalten aller ist keine Über- oder Unterordnung nötig. Auch die Leiterin braucht keine herausragende Position einzunehmen, sondern sie kann in dem Miteinander mitschwingen.

Um dieses Miteinander im Kindergarten zu erreichen, gibt es verschiedene Zugangsmöglichkeiten: Mal ist es ein gemeinsames einschneidendes Erlebnis im Kollegenkreis; mal gibt die Reflexion eines gerade betroffenen Erziehers den Ausschlag, und wieder ein anderes Mal versuchen die Erzieher vielleicht, durch einen gemeinsamen Spiel- oder Kegelabend näheren persönlichen Kontakt zueinander zu finden. Auch ein gemeinsam verbrachtes Wochenende zum Erfahrungsaustausch oder zur Reflexion des Kindergartenjahres können hilfreich sein.

Wichtig ist, daß auf jeden Fall an diesem Miteinander zusammen gearbeitet werden muß. Kritische Bemerkungen, die nicht verletzen wollen, sind dabei sehr wirksam; ebenso wie Gefühlsäußerungen. Ärger, Wut und Freude gehören nun einmal zu jeder Kommunikation; sie sollten daher in Dienstbesprechungen nicht ausgeblendet werden. Sie erst beleben die Kommunikation und bringen zugleich die Kommunikation der Erzieher spürbar weiter.

Dieses Miteinander bringt Gestalt in die Durchführung der Dienstbesprechungen. Es ist zugleich deren Ziel und Voraussetzung.

▶ *Fazit*

Dienstbesprechungen, die in einem lebendigen Miteinander geschehen (und nicht nach einem starren Schema ablaufen), bringen Ruhe und Ausgeglichenheit in den Kindergarten-Betrieb. Dadurch können pädagogische Probleme des einzelnen persönlich besprochen und gemeinsam behandelt werden. Dies hat besonders für Praktikanten modellhafte Wirkung.

▶ *Was meinen Sie?*

- Wie wären Sie in dem angeführten Beispiel auf das Problem der Praktikantin eingegangen?
- Wie hätte die Praktikantin möglicherweise reagieren können, wenn ihr gegenüber Kritik und Korrektur geäußert worden wäre?
- Auf welche andere Weise hätte die Praktikantin ihr Mißerfolgserlebnis im Kindergarten verarbeiten können?

Störungen

Regelmäßigkeit, variable Gestaltung, Offenheit und Kooperationsbereitschaft sind wohl die wichtigsten Voraussetzungen für erfolgreiche Dienstbesprechungen. Demgegenüber gibt es auch Hemmnisse, die den reibungslosen Ablauf zwar stören, deren produktive Auswirkungen jedoch für Dienstbesprechungen ebenfalls sehr effektiv sein können.

Frau U., eine Erzieherin im Kindergarten, verhielt sich in den Dienstbesprechungen fast immer sehr still und unbeteiligt. Mußten Entscheidungen getroffen werden, schloß sie sich meist der mehrheitlichen Meinung an. Wurde gelegentlich direkt nach ihrer Ansicht gefragt, dann hatte sie eine Antwort parat. Dieses Verhalten löste im Kollegenkreis Ärger aus, und Frau U. wurde in einer Dienstbesprechung daraufhin angesprochen.

Zunächst reagierte sie verlegen und ausweichend, aber dann rückte sie mit ihrem Problem heraus: Sie habe Hemmungen, vor allem wegen der Leiterin; in ihrer Gegenwart könne sie sich einfach nicht frei äußern; ihr gingen dann immer nur banale Gedanken im Kopf herum, die sie so nicht sagen könne; sie suche dann nach einer fundierten Antwort, dabei fühle sie sich unter einem zunehmenden Druck und verpasse es schließlich, überhaupt noch etwas beizutragen.

Die Leiterin fragte zurück, ob sie mit ihrer Person oder Art denn einen bestimmten Anlaß geboten habe, daß Frau U. sich so gehemmt fühle? Die Erzieherin überlegte: Am Anfang, als es in der Dienstbesprechung um das Lagerfeuer ging, habe sie mal eine Idee geäußert. Die Leiterin habe aber abgewehrt, das gehöre nicht hierhin. Seitdem sei bei ihr „der Laden zu". Wenn jetzt gemeinsam Dinge überlegt würden, dann wüßte sie manchmal einfach gar nichts, ihr Kopf wäre dann ganz leer.

Ja, meinte die Praktikantin, die mit ihr zusammen in der Gruppe arbeitete, nun könne sie endlich verstehen, warum Frau U.s Verhalten bei den Kindern total anders sei; dort wäre sie lustig, nie um eine Antwort verlegen und sehr einfallsreich.

Eine andere Erzieherin fragte Frau U., wie es ihr denn erginge, wenn sie nur mit den anderen Erziehern allein ohne Leiterin diskutierte. Nach ihrer Beobachtung verhielte sie sich dann auch recht passiv, und das störe sie.

Frau U. bestätigte, auch in Gruppen, in denen von ihr etwas erwartet würde, habe sie Hemmungen; aber nicht so schlimm, als wenn eine Autoritätsperson anwesend wäre. „Und du meinst dann", fragte die Kollegin weiter, „von dir würde dann etwas ganz Außergewöhnliches erwartet, das du sowieso nicht bieten kannst, und dann bist du blockiert?" Frau U. nickte. „Okay", die Kollegin ließ nicht locker, „aber sind das denn nicht deine eigenen Erwartungen und Befürchtungen? Und bestrafst du dich nicht auch noch dafür, daß du diese, meiner Meinung nach, zu hohen Ansprüche an dich selbst nicht erfüllen kannst?" – „Und bestrafst du uns nicht auch noch mit, indem du uns mit deinen Hemmungen aufhältst?", fragte die erste Erzieherin weiter. Eine Praktikantin stellte weiter fest: „Du hast ein zu starkes Über-Ich. Das haben wir im Psychologie-Unterricht gelernt!"

„Gut", meinte die Leiterin, „das mag alles stimmen, aber das Problem ist doch, daß Frau U. blockiert ist und gar nicht locker mitarbeiten kann." Ihr täte es nachträglich leid, daß sie damals in der Besprechung über das Lagerfeuer auf sie nicht richtig eingegangen sei; aber jetzt möchte sie das ändern, was sie tun könne? Sie fände es sehr mutig, daß Frau U. von ihrer Schwierigkeit offen geredet und gleichsam die Hemmschwelle überwunden habe. Vielleicht sei das ein neuer Anfang? – Frau U. schaute sie überrascht an, dann kamen Tränen in ihre Augen. Sie schwieg.

„Jetzt, wo wir wissen, was dir schwerfällt, können wir ja mit aufpassen, daß du dich nicht überforderst und wir dich nicht überfahren mit unserem Temperament; das tut uns allen gut", stellte eine Kollegin fest. Eine andere ergänzte, daß gerade deshalb ein überlegter und sachlicher Beitrag von Frau U.s Seite nichts schaden könnte. „Du siehst also", meinte die Leiterin, „daß du für uns sehr wichtig bist". – Damit war das Thema erledigt.

In diesem Beispiel störte das gehemmte Verhalten einer Erzieherin den Verlauf der Dienstbesprechungen. Das löste Ärger bei den Kollegen aus. Die betreffende Erzieherin ist durch ihre Hemmungen in ihren Ausdrucksmöglichkeiten blockiert und der Ablauf der gemeinsamen Kommunikation unterbrochen. Diese Störung wird zum Anlaß für ein gemeinsames Gespräch. Dieses beginnt mit klaren Fragen nach Begründung des Verhaltens und nicht mit Vorwürfen oder Verteidigung.

Dabei stellten sich zwei Ursachen heraus: Zum einen ein zu hoher Selbstanspruch der Erzieherin und zum anderen ein unangemessenes Verhalten der Leiterin.

Die Erzieherin reagierte auf die Klarstellung von seiten der Kollegen mit offenen, kurzen Antworten. Sie bringt damit den unterbrochenen Kommunikationsprozeß wieder in Fluß. Die Leiterin versuchte ihrerseits, auf die Erzieherin zuzugehen, indem sie ihr eigenes Fehlverhalten bedauerte und das Verhalten der Erzieherin als mutig bezeichnete.

Damit kehrt sich die Gesprächssituation um: Die Erzieherin ist nicht mehr die blockierte und blockierende Kollegin, sondern diejenige, durch die mehr Achtsamkeit untereinander und mehr Sachkundigkeit zustande kommen können. Die individuelle Störung, die den gemeinsamen Kommunikationsprozeß aufhielt, wurde also für alle zum Gewinn.

▶ *Möglichkeiten*

Wenn ein Erzieher aus irgendwelchen persönlichen Gründen sich nicht an den gemeinsamen Diskussionen beteiligen kann, dann stört er auf Dauer den Gruppenprozeß in den Dienstbesprechungen. Wenn jedoch das zugrundeliegende Problem, wie im vorliegenden Fall, zur Sprache kommen kann, dann ist damit die Chance für alle gegeben, sich näherzukommen und sich besser zu verstehen. Die Folge ist dann eine offenere, vertrauensvolle Atmosphäre, in der sich jeder zunehmend freier äußern kann.

Wenn, wie in diesem Beispiel, persönliche Hemmungen als ein Grund für die passive Teilnahme an Dienstbesprechungen genannt werden, dann hilft es meist nichts, den Betreffenden zur Überwindung seiner Hemmungen aufzufordern. Dadurch wird in der Regel nur dessen Blokkade verstärkt, und er gerät unter vermehrten inneren Druck. Klare, direkte, einfache Fragen sind dagegen meist hilfreich. Vor allem, wenn die Anfangshemmung beim Sprechen einmal durch eine Antwort aufgehoben ist, fällt das Weiterreden leichter.

Die Erzieherin, die sehr hohe Anforderungen an sich selbst stellte, entzieht sich mit Minderwertigkeitsgefühlen der Kommunikation mit den Kollegen. Sie versucht vermutlich, wie meist in solchen Fällen, Idealvorstellungen von sich selbst zu erfüllen, was einfach nicht gelingen kann und zur Resignation führt. Für den Betreffenden ist es daher wichtig, sich selbst so zu akzeptieren, wie er ist, um sich dann mit Hilfe des gewonnenen Realbildes neuen Anforderungen zu stellen, deren Bewältigung dann mehr Erfolgschancen bietet.

Als verschärfender Grund für die aufgetauchte Störung wird das Fehlverhalten und überhaupt die Anwesenheit der Leiterin genannt. Die sich hier andeutende Autoritätsproblematik taucht meist irgendwann in Dienstbesprechungen auf. Vor allem jüngere Erzieherinnen, die in ihrer Entwicklung noch dabei sind, sich innerlich von elterlichen Bindungen zu lösen, wehren sich manchmal heftig gegen jede (vermeintliche) Anforderung älterer oder kompetenter Menschen. Sie sehen darin eine gewisse Bevormundung, die sie unfrei macht.

Ein partnerschaftlicher Umgangsstil auch zu älteren Kollegen kann daher meist erst dann entwickelt werden, wenn der persönliche Loslöseprozeß weiter fortgeschritten ist. In solchen Fällen ist es manchmal günstig, wenn die ältere Kollegin den ersten Schritt auf die jüngere Kollegin zu tut, ohne jedoch traditionelle Höflichkeitsformen zu erwarten. Vielmehr sollte ihr Verhalten als mitmenschliche Geste verstanden werden können. Denn dadurch, daß der eine aus Wohlwollen und Verständnis für die Schwierigkeiten des anderen diesem eine Brücke baut, kann dieser sich auf der Basis von Vertrauen möglicherweise auf die Gesprächssituation einlassen.

Zugleich wäre damit eine menschlich befriedigende Lösung der entstandenen Kommunikationsstörung in der Dienstbesprechung gelungen.

► *Fazit*

Gestörte Dienstbesprechungen, in denen durch klare und direkte Fragen einerseits und durch Wohlwollen und Verständnis andererseits die zugrundeliegenden Ursachen geklärt und positiv gewendet werden können, haben meist für alle günstige Auswirkungen zur Folge. Darum ist jede Störung eine ernstzunehmende Chance für die Weiterentwicklung der Kommunikation im Kindergarten.

► *Was meinen Sie?*

- Warum hat Frau U. nicht früher von ihren Schwierigkeiten gesprochen?
- Wie hätten Sie anstelle der Leiterin reagiert?
- Welche Möglichkeiten sehen Sie, im Kollegenkreis Verständnis und Wohlwollen füreinander anzuregen?
- Welche anderen Möglichkeiten sehen Sie, auf Störungen in Dienstbesprechungen zu reagieren?

Belastungsproben

Noch ein letztes Merkmal für erfolgreiche Dienstbesprechungen. Kindergartenarbeit, die stets in relativer Harmonie verläuft, wird auf Dauer eintönig. Größere Widerstände und Belastungen, vor allem von außen, sind daher belebend.

Die Mitarbeiter eines Kindergartens, die gemeinsam eine neue Kindergarten-Konzeption mit situationsorientiertem Ansatz entwickelt hatten und meinten, gute Arbeit zu leisten, wurden auf einmal von den Eltern angegriffen. Wie es gekommen war, wußte hinterher niemand mehr zu sagen. Plötzlich hörten die Erzieher von allen Seiten, sie würden den Kindern zuviel Freiheiten lassen, antiautoritäre Pädagogik betreiben und gegen die elterliche Erziehung arbeiten.

Zunächst fanden bei solchen Äußerungen unmittelbar Diskussionen zwischen Vätern, Müttern und Erziehern statt. Dann, als die Kritik nicht aufhörte, zogen sich die Erzieher zurück und ließen sich auf keine Auseinandersetzung mehr ein. Es entstand eine etwas frostige Situation. Die Erzieher auf der einen Seite fühlten sich im Recht, die Eltern auf der anderen Seite meinten, eine Mitsprache bei der Erziehung ihrer Kinder zu haben.

Der Elternbeirat tagte, der Pfarrer wurde eingeschaltet. Die Leiterin bekam Magenbeschwerden.

Auf der ersten Dienstbesprechung, die in diese Zeit fiel, entlud sich die Empörung der Erzieher. Sie fanden ihr pädagogisches Vorgehen bei den Kindern richtig; sie wollten nicht alles vorschreiben, sondern auch auf die Wünsche und Impulse aus der Kindergruppe eingehen und dann gemeinsam nach Möglichkeiten der Realisierung suchen.

Die Überlegungen der Erzieher, wie man ihre Vorstellungen den Eltern erklären könnte, gingen auseinander: Die Leiterin meinte: „Abwarten, die Eltern beruhigen sich von selbst.“ Eine Erzieherin war für offene Diskussion über Konzeption und Erziehungsstil im Kindergarten. Eine andere wollte lieber auf einem Gruppenelternabend mit den Vätern und Müttern ihrer Kinder persönlich reden. Wieder eine andere Erzieherin bevorzugte eine Podiumsdiskussion zwischen Eltern und Erziehern über Kindererziehung.

Da die Erzieher sich nicht über ein gemeinsames Vorgehen einigen konnten, wurde beschlossen, zunächst die Reaktion der Eltern abzuwarten und dann in der Dienstbesprechung in der nächsten Woche weiterzusehen.

In dieser Dienstbesprechung erschien der Pfarrer, der von den Eltern aufgefordert worden war, seine Angestellten im Kindergarten zur Wiederaufnahme der alten, traditionellen Arbeit zu bewegen. Die Erzieher fühlten sich daraufhin von den Eltern hintergangen und waren den Zureden des Pfarrers gegenüber verschlossen. Ihn hielten sie zudem für parteilich, vor allem, als er der Leiterin sehr bestimmt die Bereinigung der Angelegenheit auftrug, da sie schließlich für die Arbeit im Kindergarten verantwortlich sei – und der habe nun einmal einen familienergänzenden Auftrag!

Nachdem der Pfarrer gegangen war, reagierten die Erzieher sehr aufgebracht; von Eltern und Pfarrer war ihnen geradezu ihre pädagogische Kompetenz abgesprochen worden und zudem hatte der Pfarrer die Vorstellung, ihr Kindergarten sei hierarchisch organisiert, so also, als ob die Leiterin an der Spitze stehe und das Sagen habe!

•Alle waren sich einig, nun das Gegenteil beweisen zu wollen, und zwar anhand des aktuellen Problems mit den Eltern. Sie beschlossen daher, die Eltern zu einem Gesprächsabend unter dem Thema: „Was spielen unsere Kinder – was können wir tun?“ einzuladen. Zur Vorbereitung übernahmen alle Erzieherinnen eine Aufgabe: Zwei schrieben den Einladungsbrief und vervielfältigten ihn, eine andere malte ein passendes Plakat für die Eingangshalle, eine dritte und die Leiterin bereiteten Fragen für die Gesprächsleitung vor.

Am betreffenden Elternabend erschien über die Hälfte aller Eltern. Das Gespräch begann mit der Eingangsfrage, was die Eltern selbst früher als Kinder gespielt hätten, womit sie sich früher tagsüber beschäftigt hätten? – Zunächst wurden Ball- und Hüpfspiele aufgezählt; dabei tauchten alte Erinnerungen auf, die lachend ausgetauscht wurden. Auf die anschließende Frage an die Eltern, was denn ihre Kinder heute zu Hause spielen würden, kam die mehr oder weniger übereinstimmende Äußerung, daß die Kinder sich hauptsächlich im Haus oder in der Wohnung beschäftigen und zwar allein und mit Dingen, die sie aus dem Kindergarten mitgebracht hatten. Daß viele Kinder zusammen draußen im Freien spielten, wie es die Eltern meist erlebt hatten, traf kaum noch zu.

Allmählich wurde den Eltern klar, daß sich die Zeiten geändert und sie es damals eigentlich viel schöner gehabt hatten als ihre Kinder heute. Sie hätten, so meinten einige, über mehr Freiheiten verfügt, aber sie hätten auch mehr Verantwortung übertragen bekommen. Beispielsweise Milch holen, Tiere füttern, kleinere Geschwister beaufsichtigen. Aber das wäre gut gewesen, denn damit hätten sie sich zur Welt der Erwachsenen zugehörig gefühlt.

Als die Erzieher nun wissen wollten,was sie als Erwachsene mit den vielen Erfahrungen für die Spielmöglichkeiten der Kinder heute tun könnten, reagierten verschiedene Eltern betroffen. Sie stellten unterschiedliche Erwägungen an, kamen schließlich jedoch zu dem Ergebnis, daß sie ihren Kindern nicht das bieten konnten, was ihnen früher zum Spielen selbstverständlich zur Verfügung stand. An dieser Stelle hakten die Erzieher ein und erklärten, daß gerade aus diesem Grund der Kindergarten heute eine wichtige Funktion zu erfüllen habe; er wolle nämlich den Kindern möglichst viele Erfahrungsmöglichkeiten bieten, die sie zu Hause nicht haben können (z.B. aufgrund beengter Wohnverhältnisse, fehlender Geschwister und Nachbarn). Außerdem wollten die Erzieher, daß die Kinder auch Verantwortung für ihr Tun erleben könnten, und darum würden sie mit der Kindergruppe zusammen überlegen, was getan werden könnte und wer eine kleine Aufgabe übernehmen möchte.

Plötzlich wurde nachgefragt. Die Eltern wollten wissen, wie

die Arbeit im Kindergarten konkret aussähe, ob die Erzieher überhaupt nichts allein bestimmen würden und ob die Kinder damit nicht überfordert wären. Langsam verstanden die Eltern, daß im Kindergarten gar nicht gegen sie gearbeitet wurde, sondern daß dort andere Aufgaben wahrgenommen wurden. Am Ende waren die meisten Eltern überzeugt, daß die Kindergartenerziehung nicht mit ihrer Familienerziehung gleichgesetzt werden konnte und daß die Erzieher genauso wie die Eltern am Wohlergehen ihrer Kinder interessiert waren. Nach Beendigung des Gesprächs saßen viele Eltern und die Erzieher noch zwanglos zusammen. Das Eis war gebrochen.

Der zuvor beschriebene Konflikt der Erzieher mit den Eltern konnte nicht unmittelbar durch offene Diskussionen bereinigt werden. Die Erzieher führten daher, gleichsam auch als Selbstbestätigung, einen Elternabend durch, der über die Diskussion an einem Sachthema zum eigentlichen Problem gelangte und bei den Eltern eine positive Einstellung zum Kindergarten bewirkte.

Der erfolgreiche Ausgang des Konflikts kam vermutlich durch das einheitliche und konsequente, arbeitsteilige Vorgehen der Erzieher zustande.

Diese Art von Teamarbeit wurde vor allem realisiert in den stattfindenden Dienstbesprechungen; dort konnten die Anfeindungen von außen rechtzeitig aufgenommen und in sachlichere Bahnen gelenkt werden.

Wäre ein einziger Erzieher der Kritik der Eltern ausgesetzt gewesen, dann hätte das eine große psychische Belastung für ihn bedeuten können. Der Zusammenhalt der Erzieher untereinander wirkte daher stabilisierend auf die einzelnen im Team und führte dazu, daß sie sich durch die Angriffe der Eltern nicht irritieren ließen, sondern versuchten, ihren pädagogischen Standpunkt am Elternabend verständlich zu machen. (Diese Stabilisierung ist notwendig, denn die Kindergartenarbeit ist Mißverständnissen und ständiger Kritik von außen unterworfen).

▶ *Möglichkeiten*

Wären die Erzieher von den Eltern nicht so massiv angegriffen worden, dann hätten sie keinen Anlaß für ihr Teamverhalten gehabt; d. h. arbeitsteiliges Vorgehen und solidarisches Handeln können durch Belastungsproben von außen gefördert werden und damit Teamarbeit bewirken.

Solche Belastungsproben müssen allerdings nicht unbedingt in Kritik und Anfeindungen von außen bestehen. Es können auch andere kindergartenübergreifende Aufgaben im Gemeinwesen sein. Beispielsweise im Zusammenhang mit einer offenen Familien- oder Altenarbeit. Damit bekämen die Aktivitäten aus dem Kindergarten sogar noch einen gemeinschaftsfördernden Sinn. Zugleich würde der Kindergarten sich aus seiner eigenen Isolation lösen und allgemein mehr Kommunikation stiften.

Anforderungen von außen sind besonders für Erzieher im Kindergarten von Bedeutung, weil es sich dort meist um reine Frauengruppen handelt. Einerseits ergibt sich aus ihnen schneller eine Übereinstimmung in Einstellung, Motivation und Arbeitsweise, die die Zusammenarbeit erleichtert. Andererseits fehlt häufig eine gewisse Spannung, die in einer geschlechtsgemischten Mitarbeiterschaft aufgrund der bestehenden unterschiedlichen Zugangs- und Betrachtungsweisen eher aufkommen kann. Zum Beispiel streben männliche Erzieher im Kindergarten viel schneller eine Leitungsposition an, oder sie betrachten ihren Beruf viel eher als Sprungbrett zum Weiterstudium als ihre weiblichen Kollegen.

Wenn daher im Kindergarten diese verschiedenartigen Erwartungen vorhanden sind und diskutiert werden, dann kann daraus eine fruchtbare Auseinandersetzung unter den Mitarbeitern entstehen; deren anregende Wirkung kann eine belebende Kraft für den Kindergarten-

Alltag darstellen und damit dem Kommunikationsprozeß unter den Mitarbeitern mehr Dynamik verleihen.

Dort, wo dies nicht der Fall ist, kann – ja muß beinahe – durch gelegentliche Belastungen von außen diese motivierende Kraft im Kindergarten geschaffen werden bzw. immer wieder neu gesucht werden, um die individuelle und gemeinsame Belastbarkeit zu erproben. Andernfalls verfallen die Erzieher viel eher in Alltagstrott und Routine, was wiederum Unzufriedenheit auslösen und eine gestörte Kommunikation zur Folge haben kann.

▶ *Fazit*

Dienstbesprechungen tragen wesentlich dazu bei, die Belastungen des einzelnen Erziehers zu reduzieren und die Belastbarkeit des Teams zu erhöhen. Dort wo die Anforderungen von außen schließlich mit den Vorstellungen der Erzieher ins Gleichgewicht gebracht werden können, entsteht für alle Beteiligten eine befriedigende Lösung. Die Erzieher im Kindergarten sollten daher die Konfrontation mit Außenstehenden als Herausforderung für eigene effektive Arbeit annehmen.

▶ *Was meinen Sie?*

- Welche anderen Möglichkeiten hätte das Kindergarten-Team gehabt, auf die Kritik der Eltern einzugehen?
- Warum haben die Erzieher Ihrer Meinung nach am Elternabend auf eine direkte Auseinandersetzung mit den Eltern verzichtet?
- Welche Vorgehensweise würden Sie wählen, wenn Sie als einzelner Erzieher von Eltern angegriffen werden?
- Halten Sie ein Erzieherteam im Kindergarten, das nur aus Frauen besteht, für günstig – und warum?

Zusammenfassung

In diesem Kapitel wurde anhand verschiedener Beispiele dargestellt, daß erfolgreiche Dienstbesprechungen abhängig sind von: angemessener Zeiteinteilung, genauer Vorbereitung und Erwartungsklärung, variabler Gestaltung, Offenheit, Kooperationsbereitschaft und Verständnis sowie äußeren Belastungsproben.

Bei der Durchführung von Dienstbesprechungen treten zunächst meist Widerstände auf wie: Mißtrauen, Gewohnheit, Gleichgültigkeit, Bequemlichkeit, Hemmungen, Kritik, Neid, Konkurrenzverhalten und Verweigerung. Diese Widerstände müssen angesprochen werden, weil sonst der Erfolg der Dienstbesprechungen gefährdet ist.

Stets sind die genannten Bedingungen zu berücksichtigen. Ihre Realisierung bewirkt auf Dauer: Kontinuität, Entlastung und Anregung, Vertrauen, Motivation und Engagement, Freude, solidarisches Handeln und Teamarbeit sowie persönliches und berufliches Fortkommen.

Ziel der Dienstbesprechungen und damit deren Erfolgsmöglichkeit ist einerseits die Kommunikation und Kooperation der einzelnen Erzieher so zu fördern, daß Teamarbeit entstehen kann, andererseits die Kindergartenarbeit so zu vereinheitlichen und zu gestalten, daß sie durchschaubar, anregender und bereichernd (auch für Außenstehende) wird.

Dienstbesprechungen sind also letztendlich bestimmt durch die Art, wie die jeweiligen Erzieher im Kindergarten miteinander und den dargestellten Bedingungen umgehen. Das bedeutet: Dienstbesprechungen sind erfolgreich, wenn die Erzieher offen und kooperativ miteinander handeln und die an sie gestellten Anforderungen mit den eigenen Vorstellungen in Einklang bringen können.

3 Die pädagogische Planung im Team

Der Alltag jedes Erziehers zwingt ständig zum Lösen praktischer Probleme: Angefangen bei der einfachen Herrichtung des Gruppenraums über die spontane Reaktion auf eine kindliche Äußerung bis hin zur Erarbeitung eines didaktischen Sachverhalts für die Kindergruppe.

Jede Handlung des Erziehers ist somit als Versuch, ein Problem zu lösen, zu betrachten. Der jeweils Handelnde verfolgt dabei eine bestimmte Absicht oder Intention. Diese steht im Zusammenhang mit vorher bestimmten Zielen, die verwirklicht werden sollen. Insofern sind Handlungen nicht nur problemlösungsorientiert, sondern auch zielgerichtet. Da diese Ziele in der Zukunft liegen, ist es notwendig, Pläne zu entwerfen.

Das pädagogische Handeln im Kindergarten muß daher geplant werden, sowohl vom einzelnen Erzieher als auch im Mitarbeiterkreis, damit die Kindergartenarbeit ein einheitliches Ganzes bilden kann.

Der Ort, wo diese gemeinsame Planung geschieht, ist die Dienstbesprechung. Hier sollte unter anderem der pädagogische Umgang mit den einzelnen Kindern und der Gruppe überlegt, aber auch gruppenübergreifende Aktivitäten konzipiert werden.

Das Argument, daß die gemeinsame Planung viel zeit-

und personalaufwendiger sei als die individuelle Planung, trifft nur für den Anfang der gemeinsamen Planungsarbeit zu. Auf lange Sicht betrachtet profitiert jeder Erzieher und der gesamte Kindergarten davon. Auf welche Weise und warum dies möglich ist, soll im folgenden ausgeführt werden.

Unterstützung des einzelnen

In einer Gruppe mit rund 25 Kindern ist die Erzieherin voll ausgelastet, auf die einzelnen Kinder einzugehen und gleichzeitig das Angebot für die Gruppe differenziert und variabel zu gestalten. Kommen noch weitere Belastungen hinzu (z. B. behinderte oder besonders auffällige Kinder), dann ist eine theoretische und praktische Unterstützung vonseiten der Kollegen sehr hilfreich.

Frau Z. hatte einen Jungen in ihrer Gruppe, der nach kurzer Zeit durch sein aggressives Verhalten auffiel. Er mischte sich in das Spiel der anderen Kinder ein, wollte bestimmen und zerstörte Spielsachen, wenn er sie nicht freiwillig bekam. Außerdem legte er sich immer wieder mit den kleineren Jungen in der Gruppe an, balgte und raufte sich mit ihnen.

Im Freispiel stellte er, wenn er sich überhaupt selbständig beschäftigte, Gegenstände mit Zerstörungscharakter wie Pistolen und Panzer her, die er dann auch ausprobierte. Ansonsten hielt er sich meist in der Nähe der Erwachsenen auf und versuchte, ihre Aufmerksamkeit z. B. durch lautes Reden oder Verpetzen der anderen auf sich zu ziehen.

Frau Z. versuchte zunächst, das Verhalten dieses Jungen soweit wie möglich zu übersehen und statt dessen seine wenigen positiven Aktivitäten zu loben; in der Hoffnung, daß sich sein Handeln normalisieren würde. Da dies leider nicht der Fall war, und Frau Z. sich keinen Rat wußte, berichtete sie davon in einer Dienstbesprechung:

Der Junge hieß Spiros, war 6 Jahre alt, Grieche und seit 2 Jahren in Deutschland bei seinen Eltern. Zuvor wurde er in Griechenland von einer Tante erzogen. Sprachlich konnte er sich recht gut verständigen, obwohl er Mühe hatte, sich differenziert auszudrücken.

Im Team wurde zunächst zusammengetragen, was über Spiros bekannt war, warum er dieses Verhalten zeigen könnte, was auf seine besondere Situation als Ausländerkind zurückzuführen sei, wie seine Familienverhältnisse aussahen und warum er erst nach ca. 2 Jahren diesen Kindergarten besuchte.

Da das Ergebnis dieser gemeinsamen Überlegungen nur bruchstückhaft ausfiel, vor allem meist auf Vermutungen beruhte, wurde nun diskutiert, welche Möglichkeiten zur Verfügung standen, um weitere Hintergrundsinformationen über Spiros zu erhalten. Die Erzieher einigten sich auf drei parallelverlaufende Wege:

a) Die Kindergartenleiterin wollte 4 Wochen lang Spiros genau beobachten, und zwar täglich 10 Minuten zur gleichen Zeit, im Hinblick auf sein Verhalten zu einzelnen Kindern, in der Gruppe, zur Erzieherin, sowie beim Spielen und Sprechen.
b) Frau Z. wollte sich im Gruppenalltag intensiv um Spiros bemühen und sich dabei selbst genauer beobachten, wann und wie sie auf Spiros besonders reagierte (sowohl positiv wie negativ). Vielleicht nahm sie ihn nur ganz einseitig wahr?
c) Außerdem wollte Frau Z. bei Spiros' Eltern einen Hausbesuch machen, da diese nie im Kindergarten zu sehen waren.

Nach 4 Wochen sollte erneut in der Dienstbesprechung über Spiros geredet werden. In der Zwischenzeit wollten alle im Erzieherteam sich theoretische Informationen zum Thema „Aggression" und „auffällige Kinder" besorgen.

In der betreffenden Dienstbesprechung nach einem Monat wurden die zusammengetragenen Hintergrundsinformationen besprochen.

Nach längerer Diskussion einigten sich die Erzieher auf die Annahme, daß Spiros mit seinem Verhalten versuche, Kontakt und Aufmerksamkeit, Sicherheit und Anerkennung zu bekommen (allerdings mit den falschen Mitteln) und daß sein aggressives Verhalten als Folge des strengen häuslichen Erziehungsstils und der (selbstproduzierten) Ablehnung in der Kindergruppe zu betrachten sei.

Aufgrund dieses Erklärungsversuchs wurden verschiedene pädagogische Vorgehensweisen geplant, wie Spiros in der

Gruppe besondere Beachtung, aber auch Verständnis für seine Situation finden könnte. Beispielsweise sollte anhand des Bilderbuchs „Der Stier Ferdinand" darüber geredet werden, warum sich der einzelne so und nicht anders verhält, was ihn dann aber erwartet und was er selbst tun kann, um seine Situation zu verbessern. Spiros sollte auch gebeten werden, nationale Eigentümlichkeiten von zu Hause mitzubringen und darüber zu berichten.

Frau Z. wollte außerdem der Gruppe erklären, daß Spiros aufgrund seines Heimatwechsels sprachliche und sonstige Schwierigkeiten habe und daß sie sich darum eine Weile intensiver um ihn als um die anderen Kinder kümmern werde.

Zur Entlastung sollte die neue Praktikantin in Frau Z.s Gruppe kommen. Es sollte vermehrte Kleingruppenarbeit mit den Kindern laufen.

Am Ende dieser Planung wurde im Team die Frage aufgeworfen, ob es legitim sei, soviel Aufhebens um ein einziges Kind zu machen. Alle waren positiver Meinung; auch bezüglich Frau Z.s Bedenken, daß sie mit ihrem Problem soviel Zeit (zwei volle Dienstbesprechungen) für sich beansprucht habe. Eine Kollegin stellte fest, das sei doch klar, derjenige, der es im Moment am nötigsten habe, werde am ehesten unterstützt!

In diesem Beispiel wird deutlich, wie in den Dienstbesprechungen das Problem einer einzigen Erzieherin behandelt, zum Anliegen des ganzen Teams gemacht und gemeinsam eine umfassende Lösung geplant wird.

Die Planung erfolgte in vier Schritten:

- Ergründung des Entstehungszusammenhangs
- Erklärungsversuch
- Zuordnung pädagogischer Vorgehensweisen
- Erwägung praktischer Konsequenzen

Gemessen am Planungsergebnis wird deutlich, daß Frau Z. mit der Problemlösung allein überfordert gewesen wäre und die praktische Umsetzung nur sehr schwer ohne Hilfe hätte leisten können.

Die Tatsache, daß zwei ganze Dienstbesprechungen für die Behandlung eines individuellen Erzieherproblems verwandt wurden, beruhte auf der Übereinstimmung im Team, daß Probleme des einzelnen ernstgenommen und aufgegriffen werden und daß demzufolge die gemeinsame Lösungssuche auch aktive Unterstützung bzw. Übernahme verschiedener Teilaufgaben von seiten der Kollegen verlangt.

Es bestand in diesem Team nicht die Norm, dem Betroffenen gute Ratschläge zu erteilen und ihn dann mit seinem Problem allein fertig werden zu lassen. Im Gegenteil: Frau Z. fand Rückhalt im Team, bekam Denkanstöße, praktische Entlastung, möglicherweise auch Kritik, und sie mußte die Problemlösung nicht allein verantworten.

Im Hinblick auf die Problembearbeitung war das Vorgehen in den Dienstbesprechungen vorher nicht genau festgelegt; sondern die Problemlösung entwickelte sich organisch dadurch, daß alle im Team am Problem mitdachten und das Ergebnis ihrer Überlegungen den anderen mitteilten. Das Gemeinsame der verschiedenen Äußerungen wurde dann zusammengefaßt und daraus nächste logische Schritte entwickelt.

Dieses prozeßhafte Vorgehen engte die einzelnen Erzieher nicht ein; es wirkte vielmehr verkürzend und systematisierend auf die Problemlösung im Team. Gleichzeitig erhielten alle einen Zugewinn dadurch, daß sie für künftige ähnliche Fälle bereits eine Handlungsperspektive erworben hatten.

▶ *Möglichkeiten*

In Dienstbesprechungen sollten individuelle Erzieherprobleme vorrangig und mit Hilfe differenzierter Planung behandelt werden können. Das bewirkt meist eine verbesserte pädagogische Arbeit sowohl im Hinblick auf das betreffende Kind als auch im Hinblick auf die betroffene Kindergruppe.

In einem Team, das solches Vorgehen beabsichtigt, könnte

beispielsweise zu Beginn eines Kindergartenjahres gemeinsam überlegt und ausgetauscht werden, wieviel Bereitschaft beim einzelnen zur Darstellung eigener Probleme und zur gemeinsamen Bearbeitung vorhanden ist, wieviel Zeit jeweils investiert werden könnte, ob Planung, Durchführung und Auswertung entsprechender Lösungsmöglichkeiten stets im Team zu diskutieren und zu reflektieren wären, ob und wieviel theoretische Hintergrundinformationen herangezogen werden sollten, ob unter Umständen mit anderen pädagogischen Institutionen und Behörden zusammenzuarbeiten wäre usw.

Solche Vorab-Entscheidungen verhindern ständig neue Grundsatzdiskussionen. Sie geben allen eine Orientierung, wie sie sich bei eigenen und fremden Problemen verhalten können, sie geben den jeweils Betroffenen die Gewißheit, Unterstützung von den Kollegen zu erhalten.

In bezug auf die einzelne Dienstbesprechung ist es wichtig, daß möglichst vorher angekündigt wird, falls die Behandlung eines eigenen Erzieherproblems gewünscht wird. Die betreffende Dienstbesprechung kann genauer geplant und vorbereitet werden, obwohl diesbezüglich das methodische Vorgehen nicht starr festgelegt werden sollte.

Bei der Durchführung der Problembearbeitung sollte soviel zeitlicher und inhaltlicher Spielraum bleiben, daß sich die Problemlösung aus der zugrundeliegenden Erörterung organisch entwickeln kann. Denn dadurch entsteht eine ruhige Zuversicht für alle, sich auch in tieferliegende Schichten des Problems einlassen zu können, ohne gleich eine Antwort parat haben zu müssen.

Auch eine gewisse Hektik in der Diskussion wird dadurch vermieden. Zudem schafft die Vorstellung, daß nicht jedes Problem sofort gelöst werden kann, sondern unter Umständen längerfristig, mit Hilfe eines umfassenden Programms, behandelt werden muß, ein gewisses Problembewußtsein im Team: Die Erzieher werden eher aufmerksam auf ein Problem, sie nehmen es in seinem Ausmaß umfassender und differenzierter wahr und sie entwickeln mehr Durchhaltevermögen bei der Problembearbeitung.

Bei der Lösungssuche ist es wichtig, daß sie aufgrund nachvollziehbarer Gedankenfolgen geschieht; daß also im Hinblick auf das zu lösende Problem gefragt wird nach den Ursachen und Hintergründen, den möglichen praktischen Erklärungen, theoretischen Begründungen und Konsequenzen.

Wichtig ist auch zu unterscheiden zwischen Fakten und Spekulationen. Zudem ist zu berücksichtigen, daß in jede Interpretation eine subjektive Einschätzung miteinfließt und daß darum kein Streit über die „richtige" Meinung zum Problem zu entstehen braucht. Statt dessen ist die Frage zu beantworten, wer übernimmt bei der Problemlösung was und wie?

Solche gemeinsamen Planungsprozesse müssen nicht immer nur aufgrund individueller pädagogischer Schwierigkeiten zustande kommen; genauso gut könnte beispielsweise auch die didaktische Bearbeitung bestimmter Situationen aus den Kindergruppen thematisiert und problematisiert werden. Auch in diesem Fall dürften sich positive Auswirkungen für den einzelnen und das Team ergeben.

Wenn sich einmal Problemlösestrategien im Team eingespielt haben, dann macht die gemeinsame Planung sogar Spaß. Denn jeder kann sich ja an dem Problemlöseprozeß beteiligen und dadurch für sich und seine eigene pädagogische Arbeit alternative Handlungsmöglichkeiten erfahren.

► *Fazit*

Pädagogische Planungen im Team, in denen aktuelle pädagogische Probleme und Aufgaben des einzelnen Erziehers umfassend behandelt werden, tragen zur Verbesserung der pädagogischen Arbeit und zur Entwicklung von

Handlungsstrategien im Team bei. Sie schaffen vermehrtes Problembewußtsein und Kompetenzen in didaktischen Entscheidungsprozessen. Pädagogische Planungen im Team sollten folglich zunächst den einzelnen Erzieher und seine Arbeit unterstützen. Dann ergibt sich ganz von selbst eine gemeinsame pädagogische Arbeit im Kindergarten.

► *Was meinen Sie?*

- Wie beurteilen Sie die geplante pädagogische Betreuung von Spiros?
- Welche Zielvorstellungen liegen dieser geplanten Betreuung zugrunde?
- Was würden Sie tun, wenn Sie mehrere Ausländerkinder in ihrer Kindergarten-Gruppe zu betreuen hätten?
- Wie verlief im einzelnen der Planungsprozeß im Team?

Situation oder Tradition – Welcher Ansatz ist richtig?

Durch die verschiedenen Modellversuche in den letzten zehn Jahren wurde die traditionelle Kindergartenpädagogik in Frage gestellt und der Vorrang des sozialen Lernens befürwortet. Die damit verbundene Umorientierung didaktischen Handelns im Kindergarten vollzog sich allmählich.

Zunächst wurde vielfach aufgrund sozialwissenschaftlicher und aufklärerischer Absichten der Situationsansatz im Kindergarten zu stark betont und das Heile-Welt-Denken der altbewährten Kindergarten-Arbeit zu generell kritisiert. Heute haben sich die extremen Standpunkte wieder angenähert.

Dennoch gibt es nicht „das" pädagogisch-didaktische Kindergarten-Konzept. Die Frage, ob Situation oder Tradition die Kindergartenarbeit bestimmen soll, besteht immer noch.

Frau M. kam als Leiterin in einen kommunalen sechs-gruppigen Kindergarten mit Tagesstätte in einer mittleren Großstadt.

Sie hatte in ihrer Ausbildung den Situationsansatz für sozialpädagogisches Handeln kennengelernt und wollte ihn nun im Kindergarten auch praktizieren.

Die Mitarbeiter, die sie antraf, waren z. T. schon mehr als drei Jahre in der Einrichtung tätig und arbeiteten jeweils nach ihren eigenen Wochen- und Monatsplänen. Sie konnten Frau M.'s Anliegen zunächst nichts Positives abgewinnen. Für sie hatte sich ihre Art von Planung und die dreiteilige Tagesstruktur (morgens Freispiel, Frühstück, Stuhlkreis; mittags Essen, Schlafen; nachmittags Freispiel, Gruppenaktivität) bewährt. Außerdem wurden Wochen- und Monatspläne vom Träger gefordert, und die Eltern bejahten diese Art von Kindergartenarbeit.

Frau M. ließ die Erzieher zunächst gewähren. Dann brachte sie auf einer Dienstbesprechung das Gespräch auf den nahenden Erntedank-Tag. Sie schlug vor, daraus ein gemeinsames Fest für den ganzen Kindergarten zu machen. Die Erzieher waren zwar einverstanden, hatten jedoch keine Ideen für die Gestaltung.

Frau M. regte an, einfach zusammenzutragen, was jeder über die Bedeutung dieses Tages wußte. Das geschah. Dann traten Fragen auf, wie: Die glücklich heimgebrachte Ernte gelte doch nur noch für ländliche Gebiete; was sie damit in der Großstadt anfangen sollten? – Ja, und wenn sie sich vielleicht auch klarmachen könnten, daß sie genügend zu essen hätten – und zwar gutes Essen –, dann wäre das Problem doch, ob sie die Kinder dafür interessieren könnten; die würde doch eher eine Lutscherparty vom Hocker reißen. – Ob nicht trotzdem zu überlegen wäre, daß die Ernte allgemein in Gefahr sei, z. B. durch Umweltverschmutzung, Schädlingsbekämpfung usw. – Und daß durch hohe Löhne und den großen Gewinnanteil des Zwischenhandels Grundnahrungsmittel gar nicht mehr angebaut oder direkt verkauft werden. Allerdings würde heute durch die Öko-Bewegung dieser Tendenz entgegengewirkt. Es werde auch wieder im eigenen Hausgarten gepflanzt und in besonderen Läden könnten naturbelassene Nahrungsmittel gekauft werden. Was Getreide anbetreffe, so könne man z. B. bereits in Mühlen wieder Korn und frischgemahlenes Mehl kaufen, damit man nicht im Supermarkt das ganz ausgebleichte Mehl, das fast keine Nährstoffe mehr enthalte, kaufen müsse.

Das Gespräch dauerte noch eine Weile. Die Erzieher waren auf einmal ganz angetan vom Thema „Neues Ernährungsbewußtsein". Sie wollten sich sogar zusätzliche Informationen und Materialien besorgen. Auch in bezug auf die Kinder bestanden plötzlich keine Zweifel mehr, „die waren immer für alternativ!"

Frau M. versicherte sich, ob alle Mitarbeiter mit dem Vorschlag „gemeinsames Erntedank-Fest" in Richtung auf gesunde Ernährung einverstanden waren. Da dies der Fall war, wurde beschlossen, in der nächsten Dienstbesprechung konkret das Fest und seine Vorbereitung zu planen. Bis dahin wollte sich jeder allein Gedanken machen, in seiner Gruppe das bevorstehende Fest ansprechen und gemeinsam mit den Kindern Gestaltungsmöglichkeiten überlegen.

Nach einer Woche wurden in der besagten Dienstbesprechung eifrig verschiedene Vorschläge diskutiert, und dann stand das Programm: In einer Gruppe wollten die Kinder einen Kranz aus Stroh und bunten Blättern von Bäumen und Sträuchern anfertigen; dieser Kranz sollte am Morgen des Festtages mitten in der Eingangshalle aufgehängt werden. Eine andere Gruppe wollte Brot aus Vollwertmehl mit vielen Gewürzen backen, das am Festtag in der Halle als Frühstück für alle angeboten werden sollte. In der dritten Gruppe wollte die Erzieherin mit den Kindern eine Collage zum Thema „Stadt- und Landleben" anfertigen, die als Einladung für alle ausgehängt werden sollte. Die vierte Gruppe wollte am Tag vor dem Erntedank-Fest auf den Markt gehen und frische Möhren kaufen, die am nächsten Morgen, zu Saft gepreßt, beim Frühstück angeboten werden sollten. Die Tagesstätten-Gruppe wollte während der Woche den Dritte-Welt-Laden aufsuchen, dort ungeschälten Reis, Gewürze und getrocknete Erbsen kaufen, um daraus ein Festtagsessen zu kochen, das mehr Eiweiß enthielt als eine große Portion Fleisch. Die fünfte Gruppe wollte ein Erntedank-Lied lernen, mit Instrumenten begleiten und es dann am Festtag den anderen Kindern beibringen. Jede Erzieherin wollte die in ihrer Gruppe anfallenden Aufgaben selbst übernehmen. Frau M. wollte den Kindern erzählen, warum sie dieses Erntedank-Fest feierten. Dabei wollte sie auf die Beiträge der verschiedenen Gruppen eingehen und die Kinder ihre Aktivitäten erklären lassen. Anschließend wollten alle zusammen einfache Volkstänze probieren, denn das wäre bei jedem Erntedank-Fest der Höhepunkt.

In der Woche bis zum Fest war Hochbetrieb im Kindergarten. Die Kindergruppen taten untereinander geheimnisvoll. Die Erzieherinnen standen häufig zusammen, sprachen ihre Arbeiten ab und gaben sich gegenseitig Tips (z. B. in bezug auf Küchenbenutzung, Einsatz der Praktikanten, gute Einkaufserfahrungen) und diskutierten die Inhalte der Gespräche, die sie mit den Kindern über ihr Thema führten.

Am Erntedank-Tag selbst wurde morgens die Halle hergerichtet, und als alle Kinder Platz gefunden hatten, begann das Festprogramm. Mittags wurde aufgeräumt, und dann aßen die Tagesstätten-Kinder mit allen Erzieherinnen ihr vorbereitetes Festmahl. Anschließend saß das Kindergarten-Team noch zusammen, Erlebnisse und Erfahrungen wurden ausgetauscht: Mehrere Kinder hatten sich gegenseitig erklärt, zu Hause würden sie immer ganz weiches, weißes Brot, süßen Aufstrich und viel Aufschnitt essen; aber das sei ja gar nicht gesund! Sie müßten daher unbedingt mit ihren Müttern auch alternatives Brot backen. Das Herrichten der Halle am Morgen mit Kranz, Laub und Stühlen hatte sich eine Erzieherin vorher als ungeheuer großes Problem vorgestellt. Für eine andere war die Masse von Kindern und die Programmabwicklung beängstigend gewesen.

Sie alle waren jedoch verblüfft, wie problem- und reibungslos das Fest gelaufen war. Eine Erzieherin meinte, die Eltern hätten besser informiert sein können. Frau M. erhielt Beifall. Diese Zusammenfassung und Zuordnung der verschiedenen Aktivitäten zum Thema hätten die Erzieherinnen sich selbst nicht zugetraut. Doch Frau M. meinte, sie hätten doch alle mehr oder weniger gemeinsam diese Zusammenfassung erarbeitet, ihre Aufgabe sei es doch bloß gewesen, diese vorzutragen.

Eine Erzieherin reagierte daraufhin mit der Frage: „Wann machen wir das nächste Fest?" Spontane Zustimmung. Vorschlag: Allerheiligen/Allerseelen? – „Warum nicht? Probieren wir's mal aus!"

Nachdem auch dieses nächste Fest gemeinsam vorbereitet, durchgeführt und gelungen war, kamen die Erzieher auf die

Idee, probeweise mal einen gemeinsamen Monatsplan auszuarbeiten. Sie fanden, zusammen mache die Arbeit einfach mehr Spaß.

Sie verwendeten nun eine ganze Dienstbesprechung darauf, ein gemeinsames Thema für den November zu finden. „Tod“ und „Ruhe in der Natur“ hatten sie schon im letzten Jahr angesprochen. Frau M. ermutigte die Erzieherinnen daher mit Fragen, z. B.: Was die Kinder in der bevorstehenden Zeit tun bzw. nicht tun könnten? Was für sie wichtig, möglich, unausweichlich sei? – Es kamen verschiedene Gedanken und Assoziationen, wie: Im Hallenbad schwimmen, draußen spielen, sich warm anziehen, frieren, frühe Dunkelheit, Regen, Gummistiefel, Fernsehen, Alleinsein, Langeweile, Kindergarten besuchen, nicht vom älteren Bruder herumkommandiert werden usw.

Nach einiger Zeit stellte Frau M. fragend fest, daß für die Kinder, wenn sie nicht im Kindergarten seien, während der Woche eigentlich recht wenig passiere. Sie seien häufig allein, könnten nicht so wie im Sommer draußen spielen, die Mütter hielten sich auch mehr im Haus auf und hätten zu tun. Kurzum: Fehlte den Kindern nicht einfach ein Freund?

Ja, das war's! Spontan kamen jetzt Themenvorschläge: „Ich mag dich, wollen wir Freunde sein?“ – „Wir sind zwei!“ – „Ich such mir einen Freund!“ – „Wir sind alle Freunde!“ – „Wie finde ich einen Freund?“

Frau M. nahm Papier und Bleistift und notierte die Ideen. Alle überlegten weiter; genau getroffen fanden sie das Thema nämlich noch nicht. Schließlich einigten sich die Erzieher auf zwei Titel: Entweder: „Ich suche einen Freund“, oder: „Wir wollen Freunde werden“.

Sie einigten sich darauf, zunächst zusammenzutragen, welche Unterthemen, Ziele, Materialien sich finden ließen, um dann erst endgültig das Thema zu formulieren. Zuvor wollten die Erzieher aber noch wissen, ob sie auch noch zusätzlich Wochenpläne anfertigen müßten? Was die Eltern bloß sagen würden? Ob der bisherige Tagesrhythmus denn bestehen bliebe? Ob die Dienstbesprechungen jetzt immer so lange dauern würden?

Frau M. ging nicht direkt auf diese Fragen und Befürchtungen ein; sondern sie meinte ruhig „erstmal abwarten, was wir zustandebringen; ob wir es dann akzeptieren und durchführen wollen.“ „Stimmt“, ergänzte eine Praktikantin, „entscheiden können wir uns später!“

Damit war für dieses Kindergarten-Team der Anfang zum situationsorientierten Arbeiten gemacht. Freilich gab es diesbezüglich noch einen längeren Entwicklungsprozeß. Die Themawahl wurde allmählich unkonventioneller, der Kindergarten-Alltag verlief zunehmend unstrukturierter, die Eltern fühlten sich auch mehr angesprochen und ließen sich häufig in bestimmte Aktivitäten einbeziehen.

Rückblickend meinten die Erzieher nach einiger Zeit, früher wäre es ruhiger, aber auch langweiliger im Kindergarten zugegangen.

Im vorstehenden Beispiel bringt eine Kindergarten-Leiterin die Mitarbeiter vom traditionellen zum situationsorientierten Arbeiten. Maßgeblich dürfte gewesen sein, daß sie zwar selbst von diesem Arbeitsansatz überzeugt war, die Erzieher aber nicht überredete, sondern ihnen Erfahrungsmöglichkeiten anbot. Sie drängte außerdem nach dem ersten Versuch nicht auf Entscheidung, sondern sie machte ohne Bedingung mit bei der Wiederholung. Sie schlug vorsichtig im jeweiligen Gespräch einen nächsten Schritt vor, der dem Situationsansatz näherkam.

Das Ergebnis im Team ist daher wesentlich im Zusammenhang mit Frau M.s Verhalten zu sehen: Sie entwikkelte, regte an, konkretisierte, ermutigte, problematisierte, beruhigte, faßte zusammen, setzte Grenzen. Sie forderte nicht, trieb nicht an oder voran, kritisierte und argumentierte in dieser Phase nicht, sondern machte einfach im Prozeß mit und unterstützte im Hinblick auf die geplante Veränderung.

Frau M. knüpfte demnach an den aktuellen Möglichkeiten des Teams an. Sie konnte sich damit auf das sozialpädagogische Prinzip „da anfangen, wo die Gruppe steht" berufen. Ohne ihre Absichten aus dem Auge zu verlieren, bekräftigte und modifizierte sie die Erfahrungsmöglichkeiten der Erzieher. Nach Erkenntnissen der Lernpsychologie schuf sie folglich „dosierte Diskrepanzerlebnisse" (Heckhausen), die zum Weitergehen motivierten.

Außerdem dürfte wichtig gewesen sein, daß Frau M. keine zu hohen Ansprüche an die Erzieher im Hinblick auf inhaltliche und methodische Durchführung und Auswertung stellte. So konnten Erfolgserlebnisse entstehen.

Aufgrund dieser „Führung“ konnten die Erzieher sich selbst ein Bild von den neuen Möglichkeiten machen und dann aufgrund eigener Erfahrungen entscheiden. Es scheint, daß das Team dadurch – und nachdem es durch einen Probelauf (Erntedank-Fest) und eine Überprüfung (Allerheiligen/Allerseelen) zunächst Sicherheit gewonnen hatte – sich von seiner bisherigen traditionellen Arbeit im Kindergarten lösen konnte.

Sicherlich hätte Frau M. auch versuchen können, mit Worten und Einwänden die Erzieher zu der Einsicht zu bringen, daß situationsorientiertes Arbeiten heute eine pädagogische Notwendigkeit sei, um auf die Bedürfnisse der einzelnen Kinder eingehen zu können. Bei diesem Vorgehen hätte sie jedoch nur kognitive Lernprozesse angeregt.

Die Begründung der Erzieher, daß gemeinsames Planen mehr Spaß mache, weist darauf hin, daß die praktische Umorientierung aufgrund emotionaler Kriterien begann und nicht aufgrund sachlicher Entscheidungen.

▶ *Möglichkeiten*

Die Frage, ob in einem Kindergarten in der Tradition Fröbels oder Montessoris, ob situationsorientiert oder situationsbezogen gearbeitet werden soll, kann daher nur auf dem Hintergrund verschiedener Faktoren und im Zusammenhang mit der jeweiligen Einstellung des vorhandenen Kindergarten-Teams beantwortet werden.

In einem Kindergarten auf dem Lande z. B., der noch ins Dorfgeschehen integriert ist und den bereits Väter und Mütter der jetzigen Kinder besucht haben, wo vielleicht eine ältere Erzieherin mit persönlichem Interesse die Familiengeschichte der einzelnen Kinder über mehr als eine Generation hinweg verfolgt und möglicherweise auch beeinflußt hat, in solch einem Kindergarten kann sicherlich nicht in gleicher Weise gearbeitet werden wie z. B. in der Kindertagesstätte einer Großstadt.

In beiden Einrichtungen sollen die Kinder zwar für ihr Leben jetzt und in Zukunft befähigt werden. In der einen jedoch erleben die Kinder womöglich in viel unmittelbarer Umgebung konkrete Lebenszusammenhänge (sozialer, ökonomischer und ökologischer Art) und tragen ihre Erfahrungen in den Kindergarten hinein. In der anderen Einrichtung dagegen bringen die Kinder von zu Hause vielleicht eher einengende, einseitige und deprimierende Erfahrungen mit, die nun in größeren Zusammenhängen aufzugreifen und in kindliche Bewältigungsmöglichkeiten zu überführen sind.

In der einen Einrichtung kann daher vielleicht das Frühstück in gleitender Form für das Selbständigwerden der Kinder sehr wichtig sein, während in der anderen Einrichtung unter Umständen das altbekannte gemeinsame Frühstück als Gelegenheit zum Ausruhen und als Ausgleich für das fehlende häusliche Miteinander erlebt werden könnte. In den beiden Einrichtungen besteht also eine je andere Ausgangssituation für das pädagogische Handeln. Eine gleiche didaktische Vorgehensweise wäre deswegen völlig unangemessen.

Unbestritten ist in jedem Fall, daß Kinder heute Unterstützung in ihrer konkreten Lebenssituation benötigen. Darum sollte die Erziehung im Kindergarten von dieser Erkenntnis ausgehen, den Kindern entsprechende Lernmöglichkeiten bieten und sie an der Bewältigung ihrer Situation beteiligen. Dabei ist zu berücksichtigen, daß viele Erzieher in ihrer Ausbildung eine andere Art von Kindergarten-Pädagogik kennengelernt haben, die eher von einem gleichbleibenden institutionalisierten Programm ausgeht. Hier müßte jeweils angesetzt werden.

Beispielsweise könnte in einem Kindergarten-Team zunächst einmal überlegt werden: Welche Ziele haben wir ei-

gentlich generell für die Erziehung der Kinder? (Es ist nämlich ein Unterschied, ob ich die Kinder z. B. zum Gehorchen oder zum selbständigen Handeln anregen will.) Dann wären die jeweiligen Ausgangsbedingungen festzustellen, z. B. regionale, strukturelle und materielle Gegebenheiten der Einrichtung, Alter und Herkunft der Kinder einschließlich der sozialen und sozioökonomischen Bedingungen der Eltern, Ausbildung und Ausrichtung der Erzieher, pädagogisch-weltanschauliche Vorstellungen des Trägers.

Aufgrund der erhobenen Daten ließen sich dann Fragen nach entsprechenden Intentionen, Inhalten und Arbeitsweisen beantworten. Anschließend müßte die Realisierbarkeit dieser konzeptionellen Vorstellungen überprüft werden. Zum Schluß wäre dann die Entscheidung zu treffen, ob tatsächlich der Situationsansatz der gegenwärtigen eigenen Arbeit zugrundegelegt werden sollte, ob alle Erzieher mitmachen könnten oder welche andere Vorgehensweise gewählt werden sollte. Außerdem wäre im Team zu überlegen: „Was verstehen wir unter „Situationsansatz"?

Ältere Kindergarten-Erzieher wehren vielfach ab, daß damit im Grunde gar nichts Neues gemeint sei, man habe schon immer die Bedürfnisse und Interessen der Kinder aufgegriffen. Dagegen wäre einzuwenden, daß heute die Lebenssituation nicht mehr allgemein gleich ist für alle Kinder; daß früher häufig das als Bedürfnis der Kinder bezeichnet wurde, was die Erwachsenen für „gut" hielten und daß früher ein „Erzieher-Zögling-Verhältnis" das pädagogische Handeln bestimmte.

Der Situationsansatz dagegen ermöglicht, daß die Kinder als gleichwertige Handlungspartner von Anfang an im Planungsprozeß mitwirken können, damit das zu realisierende Kindergarten-Angebot auch weitgehend aus ihrer Sicht und nicht aus der der Erwachsenen entwickelt werden kann.

Andere Erzieher halten zwar für wichtig, von Situationen im Kindergarten auszugehen; doch da „Situation" unterschiedlich definiert werde, käme aufgrund von Mißverständnissen kein einheitliches Arbeiten zustande. Zum einen sei allgemein die Lebenssituation der Kinder einschließlich ihres sozialen und politischen Umfeldes gemeint (wie beim Programm des Deutschen Jugendinstituts), zum anderen werde damit nur die jeweilige konkrete Situation der Kinder im Kindergarten bezeichnet (wie in den „Arbeitshilfen Kindergarten" des Ministeriums für Arbeit, Gesundheit und Soziales in Nordrhein-Westfalen). Im ersten Fall würden die Kinder zu Kritik und Selbstbewußtsein gegenüber Erwachsenen erzogen, im zweiten Fall zur angepaßten Selbständigkeit. Darum sei die Arbeit im Kindergarten nach Fröbel oder Montessori immer noch am effektivsten.

Bei entsprechenden Diskussionen wäre zu bedenken, ob sich die konkrete Situation im Kindergarten denn wirklich ohne Berücksichtigung des Lebenszusammenhangs der Kinder realisieren läßt? Und umgekehrt: Ob die Lebenssituation der Kinder im Kindergarten besser als in aktuellen Situationen und für die Kinder motivierend angesprochen werden kann?

Zweifellos sind bei solchen didaktischen Grundsatzentscheidungen jeweils eine Fülle von Erwägungen, Erörterungen, Überlegungen und Bedenken zu berücksichtigen. Wichtig ist daher, daß die Erzieher zunächst selbst Handlungsalternativen ausprobieren, damit sie sich aufgrund eigener Erfahrungen für einen bestimmten Arbeitsansatz entscheiden können. In jedem Fall ist zu beachten, daß im Kindergarten die individuelle und allgemeine Situation der Kinder thematisiert wird, und zwar so, daß auch über die verschiedenen sozialen und gesellschaftlichen Bedingungen in der kindlichen Lebenswelt geredet wird.

Freilich ist dabei nicht zu übersehen, daß der Kindergarten mit seiner Arbeitsweise auf einer langen Tradition beruht, die nicht einfach beiseite geschoben, sondern die in einzelnen Elementen wirksam eingesetzt werden sollte.

▶ *Fazit*

Dort, wo in Dienstbesprechungen Zeit für pädagogisch-didaktische Entscheidungsprozesse eingeräumt wird, wo der situationsorientierte Arbeitsansatz aufgrund traditioneller Möglichkeiten diskutiert und praktiziert wird, dort besteht eine gewisse Gewähr, daß die Kinder für ihr Leben in unserer komplizierten Welt Orientierungshilfen bekommen, und zwar in Form von Handlungsmustern, die zu Selbständigkeit und Unabhängigkeit, aber auch zu Zusammenarbeit und Verantwortung führen.

▶ *Was meinen Sie?*

- Auf welche andere Art hätte Frau M. ihr Anliegen bezüglich des Situationsansatzes ins Team einbringen können?
- Wie beurteilen Sie Frau M's Gesprächsführung im einzelnen?
- Was vermissen Sie in dem dargestellten Beispiel?
- Welchen didaktischen Ansatz befürworten Sie für die Kindergarten-Arbeit und welche Ausgangsbedingungen wären für Sie im einzelnen maßgeblich?

Gegenseitige Anregungen und Anstöße

Gemeinsame pädagogische Planung im Kindergarten macht nicht nur Spaß, sondern sie hat auch einen unübersehbaren Nutzeffekt für den einzelnen; das jedenfalls behaupten die Erzieher im nachstehenden Beispiel.

In einem Kindergarten war das Team aufgrund eines einheitlichen Beschlusses zum situationsorientierten Arbeiten übergegangen. Die Erzieher hatten einschlägige Bücher und Zeitschriften-Artikel dazu gelesen, waren zum Teil auf entsprechende Fortbildungstagungen gefahren und hatten lange Diskussionen miteinander und auch mit den Eltern geführt.

Alle waren von neuem Arbeitseifer erfaßt. Jeder versuchte in seiner Gruppe die geäußerten Bedürfnisse der Kinder aufzugreifen, dazu ein passendes Thema zu formulieren und dies in der Gruppe anzubringen. Manchmal gab es in einer Gruppe vier, fünf Themen, die parallel liefen, weil so viele unterschiedliche Interessen von den Kindern geäußert wurden.

Es entstand dadurch eine Geschäftigkeit im Kindergarten, in die Kinder, Erzieher und Leiterin fast pausenlos eingespannt waren. Jeden Abend saßen die Erzieher zusammen; sie überlegten, was tagsüber gelaufen war, was weiterbehandelt werden sollte und was hätte anders gemacht werden können. Sie fragten sich darüber hinaus, wie und womit bestimmte theoretische Vorstellungen, die sie hatten, praktisch umgesetzt werden könnten, warum der eine Erzieher an einer bestimmten Stelle so und nicht anders reagiert hatte. Sie setzten häufig alternative Meinungen gegeneinander, diskutierten sich über verschiedene Behauptungen und Begründungen die Köpfe heiß, bis eine für alle zufriedenstellende Lösung gefunden war. Neben alledem mußten die Erzieher jeweils den nächsten Tag vorbereiten (z.B. Material besorgen, unter Umständen den Raum verändern oder ein neues Buch kaufen).

Die Erzieher stöhnten zunehmend über diesen neuen Arbeitsaufwand. Sie gingen daher zunächst dazu über, ihre Arbeit gruppenübergreifend zu organisieren, indem sie jeweils nur noch ein Thema pro Gruppe aufgriffen und anboten, dafür die Kinder aber zwischen den verschiedenen Gruppen wählen ließen. Außerdem teilten sie die anfallenden Vorbereitungen rationeller auf, indem jeweils ein Erzieher eine bestimmte Aufgabe für alle übernahm (z.B. Papier schneiden und zurechtlegen). Ferner reflektierten sie abends nur noch zweimal wöchentlich. (Die Dienstbesprechungen konnten dazu nicht immer benutzt werden).

Dennoch traten langsam Ermüdungserscheinungen auf. Die Erzieher sahen den gewünschten Erfolg nicht in Relation zu ihren Bemühungen eintreten.

Sie arbeiteten unlustig, aber verbissen weiter. Bis die Leiterin, die keine Gruppe führte, eingriff. Sie machte in einem längeren Gespräch den Erziehern deutlich, daß der Situationsansatz im Kindergarten die Beteiligung der Kinder und deren Eltern einschließe; daß folglich die Erzieher sich viel zuviel Arbeit selbst aufbürdeten, wenn sie alles an Vorbereitung und Ausgestaltung allein übernahmen.

Die Kinder vermehrt an allem beteiligen? Das wäre doch unmöglich! Das gäbe ja Chaos! „Wieso", fragte die Leiterin zurück. Ob es denn schlimm sei, wenn die Erzieher in der Gruppe nicht mehr alles „im Griff" und im Blick hätten? Problematisch sei doch nur der Übergang zu dieser, offeneren Art von Arbeit im Kindergarten. Wenn die Kinder einmal damit vertraut wären, würde sich von allein in den Gruppen eine neue Ordnung ergeben. Die Erzieher sollten doch gelassener die Sache an sich herankommen lassen!

Im Team wurde überlegt, daß die Erzieher den Arbeitsaufwand, den sie im letzten Monat geleistet hatten, auf Dauer nicht durchhalten konnten; aber wieder zur traditionellen Kindergarten-Arbeit zurückkehren, wollten sie auch nicht? Vielleicht war tatsächlich „Gelassenheit" eine mögliche Lösung. Jedenfalls probierten die Erzieher eine Woche lang nun eine freiere und geruhsamere Gangart im Kindergartenalltag aus. Sie kamen daraufhin zu dem erstaunlichen Ergebnis, daß nach zwei bis drei Tagen Eingewöhnungszeit die Kinder von ganz allein neue Spielformen und Aktivitäten entwickelten, ohne den gemeinsam beschlossenen thematischen Zusammenhang zu verlieren. Sie kamen dabei auf Ideen, die die Erzieher selbst vielfach niemals gefunden hätten.

Die Erzieher wollten zunächst dieses Ergebnis nicht wahrhaben. Sie konnten nachträglich einfach nicht glauben, daß sie die Kinder so unterschätzt und sich selbst verschätzt hatten. Allerdings waren sie hinterher recht zufrieden, daß nun der Übergang geschafft war.

Zudem hatte ihr Arbeitseinsatz beiläufig noch ein weiteres wichtiges Ergebnis erbracht: Die Erzieher verfügten jetzt nämlich über Material für ein ganzes Jahr Kindergarten-Arbeit im voraus, und ohne die gemeinsamen abendlichen Reflexionen hätten sie niemals jeder für sich allein soviel an Anregungen, neuen Vorstellungen und Erkenntnissen bekommen und die vielen Aufgaben erledigen können. Diesen neuen kooperativen Arbeitsstil im Team wollten sie unbedingt weiter beibehalten. Sie wollten auch einmal alle zusammen ein Thema für den ganzen Kindergarten vorbereiten, jeweils dann in ihren Gruppen anbieten und bearbeiten, um dann Vergleiche über die verschiedenen Ergebnisse, Vorgehensweisen, Probleme anstellen zu können.

Der Gewinn dieser Experimentierphase war für alle überraschend gewesen. Es hatte keine Streitereien, kein Besserwissen-Wollen und keine Verweigerung unter den Kollegen gegeben. Keiner maß sich mit seiner Arbeit an den anderen. Jeder war ausgefüllt mit seinen Aufgaben, half gern mit eigenen Vorstellungen und Materialien aus und fragte ganz zwanglos die anderen, wenn er nicht weiter wußte.

Die Erzieher führten ihr kooperatives Verhalten im Team auf die Zufriedenheit aller zurück. Sie hatten früher häufig herumgesessen, nichts mit den Kindern anzufangen gewußt und auf den Dienstschluß gewartet.

Jetzt waren sie den ganzen Tag über voll gespannter Energie beschäftigt und abends müde, aber zufrieden.

Im vorstehenden Beispiel macht ein Erzieherteam bestimmte Anfangserfahrungen mit dem situationsorientierten Arbeitsansatz und kommt dabei zu einem offenen, kooperativen Arbeitsstil.

Die Erzieher waren ganz problemlos an die Veränderung ihrer Arbeit herangegangen. Für sie war die Umsetzung theoretischer Vorstellungen in praktische Handlungsvollzüge eine ganz natürliche Folge. Sie übersahen zunächst, daß sie Erfahrungen machen und korrigieren mußten. Ebenso beachteten sie nicht, daß der gewählte didaktische Ansatz auch einen anderen pädagogischen Umgangsstil mit den Kindern verlangte.

In dieser Situation unterstützten sich die Erzieher gegenseitig durch Anregungen, Materialien und gemeinsame Reflexion. Vermutlich liegt hier der Grund für die Durchhaltekraft der Erzieher. Denn sie gaben nicht sofort auf, als die gewünschten Veränderungen ausblieben.

Die Erzieher wirkten in ihrem Lernprozeß recht souverän. Ihre Fehleinschätzung der Kinder überrascht daher. Selbstsicheres Verhalten wird jedoch häufig mit beruflich kompetentem Handeln-Können gleichgesetzt. Die Erzieher kamen wahrscheinlich zu dieser Fehleinschätzung, weil sie in ihrem Umgang mit den Kindern zunächst dem traditionellen Arbeitsansatz verhaftet blieben, obwohl ihre Planung sich bereits in Richtung Situationsansatz bewegte.

Mehr oder weniger aus der Notsituation heraus, sonst ihr Vorhaben nicht durchhalten zu können, ließen die Erzieher daher in ihrer Gruppe die Zügel lockerer. Erst der Beweis, daß die Kinder sich schnell in ihrem Verhalten auf die neue Situation im Kindergarten einpendelten, überzeugte die Erzieher von der Richtigkeit ihres Vorgehens. Es war also nicht die Argumentation der Leiterin; obwohl diese sicherlich auch zur Umstimmung der Erzieher beitrug.

Das entscheidende weiterführende Moment im Lernprozeß der Erzieher dürfte ihre Erkenntnis von der kreativitätsfördernden und arbeitsteiligen Funktion der gemeinsamen Planung gewesen sein. Wahrscheinlich war diese individuell erfahrene Bereicherung im Team ausschlaggebend für den Beschluß der Erzieher, auch in Zukunft die pädagogische Planung zusammen im Team weiterzuführen.

▶ *Möglichkeiten*

In dem zuvor beschriebenen Beispiel wird einmal mehr deutlich, wie wichtig unmittelbare Erfahrungen für den Erkenntnisprozeß der Erzieher sind; das gilt sowohl für den einzelnen als auch für die Gruppe. Hier sollte daher generell angesetzt werden, wenn entscheidende Veränderungen in der Kindergarten-Arbeit beabsichtigt sind.

Häufig besteht bei Erziehern jedoch Abwehr: Eine Experimentierphase sei Zeitverschwendung, und logische Überlegungen hätten sowieso Vorrang vor subjektiven Erfahrungen! Diese Argumentation jedoch ist, wie das Beispiel hier beweist, vordergründig. Vielleicht stehen hinter solchen Einwänden bestimmte Ängste und Befürchtungen (z. B. den neuen Aufgaben nicht gewachsen zu sein oder die entstehende Verunsicherung am Anfang nicht ertragen zu können). Logische Begründungen können in solchen Fällen meist wenig helfen, vor allem dann nicht, wenn sie auf kaum etwas anderes als auf Überredung hinauslaufen. Vorurteilsfrei Erfahrungen sammeln zu können, ist daher eine gute Entscheidungsgrundlage.

Auch die Wahl des richtigen Zeitpunkts für Veränderungen im Kindergarten ist wichtig. Im vorstehenden Beispiel zeigten sich vor allem zwei Faktoren: Zum einen die individuelle Sicherheit der Erzieher im beruflichen Alltag, zum anderen eine einheitliche Ausgangslage des Teams bezüglich der Veränderungsabsicht. Werden diese beiden Bedingungen in einem Kindergarten berücksichtigt, dann dürften die Erfolgschancen für die geplante Änderung relativ groß sein, wie sich hier im Hinblick auf die beabsichtigte gemeinsame pädagogische Planung zeigte.

Entscheidend für solche Planungs- und Veränderungsprozesse und vor allen für deren Durchhalten dürfte das Verhalten der Erzieher untereinander sein. Dort, wo offen und kooperativ in gemeinsamen Besprechungen miteinander umgegangen wird, wächst Geduld und Toleranz, aufeinander zu hören und zusammen so lange eine gemeinsame Lösung zu suchen, bis alle zufrieden sind.

Der eigentliche Spaß an der Sache beginnt jedoch erst dann, wenn der eine durch die Gedanken des anderen angesteckt neue Einfälle produziert und sich die Vorstellungen des nächsten wieder daran entzünden usw., so daß eine Kette origineller Ideen entsteht.

Natürlich treffen meist nicht alle Einfälle jeweils die genaue Fragestellung. Aber das macht nichts. Gerade scheinbar abwegige, „krause“ Gedankengänge bringen die Gruppe der Problemlösung häufig näher. Würden daher alle geäußerten Überlegungen gleich nach „brauchbar“ oder „nicht brauchbar“ zensiert, so würden weitere Einfälle bald ausbleiben. Die Phantasien des einzelnen wie die der ganzen Gruppe könnten sich nicht weiter entwickeln.

Je mehr Ideen produziert werden, desto mehr Lösungsmöglichkeiten ergeben sich für die jeweilige Aufgaben- oder Problemstellung. Je mehr Motivation zum Mitmachen, zum Ausprobieren und Phantasieren entsteht, desto mehr Lust am weiteren gemeinsamen Tun kann aufkommen. Daher sollte diese Anfangsphase in Planungsprozessen nicht zu früh gebremst werden.

Die geplante Veränderung in der Kindergarten-Arbeit durch einschlägige Lektüre und Fortbildung zu unterstützen, dürfte ebenfalls für andere zu empfehlen sein. Freilich sind entsprechende Angebote nicht immer zu finden, und in jedem Fall sind zusätzliche Anstrengungen von seiten des einzelnen Erziehers notwendig.

Für die Fortsetzung ihrer begonnenen Teamarbeit nannten die Erzieher persönliche Gründe. Doch es lassen sich auch sachliche Argumente anführen: Planungsaufgaben, die zu mehreren im Team durchgeführt werden, sind zugleich auch ein Stück weit überprüft. Denn die Vorstellungen des einen werden durch die der anderen nochmals überdacht, von einem neuen Blickwinkel aus kontrolliert und unter Umständen dann sogar korrigiert.

Es bestehen daher schon während der Planungsarbeit ständig Kontroll- und Korrekturmöglichkeiten. Das schafft für den einzelnen Orientierung und für alle eine gewisse Sicherheit und Gewähr, mit der Planung nicht völlig danebenzuliegen.

Außerdem ist anzunehmen, daß mehrere Erzieher weitaus mehr Einfälle produzieren und sich darin sogar steigern können, als nur ein einziger. Aufgrund gegenseitiger Anregungen und Anstöße wird daher gemeinsame pädagogische Planung zur korrigierenden Bereicherung für das Kindergartenteam.

Wenn diese gemeinsame Planung nicht nur durchgeführt, sondern auch noch in praktische Arbeit umgesetzt wird, dann kann sich aufgrund der gegenseitigen Unterstützung im Team ein differenzierter und kreativer Lernprozeß entwickeln; vorausgesetzt, es ist eine relativ einheitliche und sichere Ausgangslage im Team vorhanden.

▶ *Fazit*

Gegenseitige Anstöße und Anregungen bei gemeinsamen Planungsprozessen bilden für das Team und dessen pädagogische Arbeit eine unmittelbar befruchtende Erfahrungsbasis. Da gute Planung im Kindergarten qualifizierte Kindergartenpädagogik möglich macht, sollte, anders als im dargestellten Beispiel, die gemeinsame Planungsarbeit des Teams im Rahmen der allgemeinen Dienstzeit erledigt werden können.

▶ *Was meinen Sie?*

- Welche Verhaltensweisen der Erzieher förderten die gemeinsame Planungsarbeit in dem beschriebenen Beispiel?
- Welche anderen Verhaltensmöglichkeiten hätten die Erzieher gehabt, mit welchen Konsequenzen?
- Wie beurteilen Sie die Mitarbeiterführung der Leiterin?
- Welche Voraussetzungen sind für eine erfolgreiche gemeinsame Planungsarbeit der Erzieher zu beachten?

Umgang mit schriftlichen Planungshilfen

Um die Vorbereitungsarbeit im Kindergarten zu erleichtern, wurden von verschiedenen Seiten (Deutsches Jugendinstitut, Katholische und Evangelische Kirche, Arbeiterwohlfahrt, Kultus- und Sozialministerien, Wissenschaftlern und Praktikern) unterschiedliche Materialien entwickelt und herausgegeben.

Bei diesen Materialien handelt es sich z. B. um die Planung umfassender „Didaktischer Einheiten“, die inhaltliche und methodische Erarbeitung bestimmter Themen, die Darstellung allgemeiner Rahmenkriterien und deren Begründung sowie um die Veröffentlichung individueller Erfahrungsberichte. In all diesen Materialien werden mehr oder weniger differenziert wertvolle Anregungen für die erzieherische Arbeit im Kindergarten gegeben.

Wie gezielt und entlastend mit Hilfe vorgefertigter Planungsunterlagen tatsächlich gearbeitet werden kann, soll das folgende Beispiel veranschaulichen.

In einem Kindergarten in K. war den Erziehern wieder einmal die berühmte „Montagsunruhe" der Kinder stark aufgefallen. Es wurde daher im Team besprochen, bevor etwas unternommen würde, zunächst nach den Ursachen für das Verhalten der Kinder zu forschen.

Die Erzieher wollten umfassend vorgehen und planten als erstes, die Kinder ihrer Gruppen während der Woche genauer zu beobachten, dann verschiedene Behauptungen über die vermuteten Ursachen für die Montagsunruhe der Kinder aufzustellen, entsprechende Ergebnisse und Argumente zu sammeln, zu vergleichen und am Schluß die plausibelste Ursache zur Grundlage für die Planung einer thematischen Einheit im Kindergarten zu machen.

Bei der Durchführung ihrer festgelegten Planungsschritte machten die Erzieher einen für sie neuen Erfahrungsprozeß mit: Zu Beginn ihres Vorhabens wußten sie vor allem zunächst nicht, was sie überhaupt in der Kindergruppe beobachten sollten und wie. Sie beschlossen daraufhin, nachdem sie sich informiert hatten, jeden Morgen für 10 Minuten die momentanen Aktivitäten der Kinder aufzulisten und dann eine Wochenkurve aufzustellen. Das Ergebnis dieser Beobachtungen war, grob gefaßt, daß Aggressionsspiele mit Tötungsabsicht am Wochenanfang häufiger auftraten als am Wochenende.

Entsprechende Gespräche mit den Kindern erbrachten, daß das Fernsehen vielfach hier mit Krimis und Western Pate gestanden hatte.

Die Erzieher gingen daher nach längeren Erwägungen im Hinblick auf ihr Vorhaben von der Annahme aus, daß der gehäufte Fernseh-Konsum der Kinder am Wochenende eine wesentliche

Ursache für die Montagsunruhe im Kindergarten sei. Es wurde beschlossen, diese Ursache nun gezielter mit den Kindern zu bearbeiten.

Bei der Suche nach geeigneten Materialien verloren die Erzieher aufgrund der Angebotsfülle und Vielfalt fast den Überblick. Sie entschieden sich daher, sich auf die Didaktische Einheit „Fernsehen" des Deutschen Jugendinstituts (DJI, Erprobungsfassung München 1976) zu beschränken, die sie sich beim örtlichen Caritasverband ausgeliehen hatten.*

Die dort angeführten verschiedenen Hintergrundinformationen, vor allem sozialwissenschaftlicher Art (angefangen von den Fernsehgewohnheiten in der Familie über Aufnahmefähigkeit und Verständnis für Fernsehsendungen sowie Wirkungen des Fernsehens auf Kinder bis zu diversen Einwänden gegen einen Fernseh-Konsum) brachte den Erziehern die Reichweite ihres Problems erst so recht zu Bewußtsein.

Sie stießen in ihren Diskussionen auf immer weitere Zusammenhänge, die sie mit eigenen Erfahrungen teilweise belegen konnten, so daß der Problembereich immer größer wurde.

Die Erzieher kamen dann an einen Punkt, wo sie nicht mehr sagen konnten, was sie überhaupt suchten und wollten.

Auch das DJI-Material bot ihnen hier keine Hilfe. Zwar wurden allgemeine praktische Anregungen gegeben, aber wie man nun konkret für eine bestimmte Kindergartengruppe planen und zudem noch situationsentsprechend vorgehen könnte, das war dort nicht zu finden. Berichte über einzelne durchgeführte Aktivitäten zum Thema „Fernsehen" seien ja schön und gut, meinten die Erzieher, aber für sie ergäbe sich dadurch wenig Unterstützung für ihr geplantes Vorhaben im Kindergarten. Sie wüßten nun zwar sehr viele allgemeine Einzelheiten über Fernsehverhalten, Wirkungen des Fernsehens bei Kindern usw., aber wie sie in ihrer Gruppe all dies anwenden sollten, blieb ihnen leider unvorstellbar.

Die Erzieher wurden ungeduldig und wollten endlich mit ihrem Thema in der Gruppe beginnen.

Eine Erzieherin schlug nun in der speziell für die Themenfindung angesetzten Besprechung vor, noch einmal die Didakti-

---

* Eine überarbeitete Fassung dieser Didaktischen Einheit ist im Kösel-Verlag erschienen (München 1981).

sche Einheit vom DJI langsam durchzugehen und jeweils die angegebenen pädagogischen Anregungen im einzelnen im Hinblick auf ihre Kindergarten-Situation zu überprüfen. Das Vorgehen wurde akzeptiert und hatte Erfolg.

Die im Material angegebenen Zielvorstellungen halfen den Erziehern, ihre eigene Meinung zu definieren. Sie wollten nicht nur, wie in der Didaktischen Einheit vorgeschlagen, „eine Veränderung der Fernsehgewohnheiten durch gezielte Elternarbeit erreichen" und „Distanz durch Sachinformationen zum Medium Fernsehen schaffen", sondern sie wollten den Kindern auch Anstöße zu alternativen Beschäftigungsmöglichkeiten bieten.

Die im Material dargestellten „Situationsanlässe" liefen den Erziehern aufgrund ihrer speziellen Zielsetzung zu sehr auf Gespräche über Inhalte, Verfälschungen und Aufnahmetechniken von Fernsehsendungen hinaus. Ihre Absicht dagegen war, stärker die Kinder im Spiel ihre eigenen Möglichkeiten erleben zu lassen.

Auch die im Material angegebenen „Projekte und Spiele" waren den Erziehern zu einseitig auf das Fernseh-Verhalten ausgerichtet. Sie wollten vielmehr mit den Kindern alltägliche Spielmöglichkeiten zu Hause ausfindig machen, damit sie sich anders als mit Fernsehen beschäftigen konnten.

Die Idee aus der Didaktischen Einheit, mit den Kindern selber einen Fernsehapparat zu bauen und ein eigenes Programm zu gestalten, fanden die Erzieher auch für ihre Situation recht gut geeignet. Die zur Verwendung beigegebenen Poster und Fotokarten wollten die Erzieher dagegen nicht einsetzen. Dieses Anschauungsmaterial schien ihnen zu weit abgesetzt von der Situation „Montagsunruhe" der Kinder.

Zum Schluß war folgendes Programm geplant: Eine Erzieherin wollte ein unbrauchbares Fernsehgerät in ihrer Gruppe aufstellen und abwarten, was passierte. Zugleich wollte sie vorsichtig Anstöße in Richtung Bau eines eigenen Fernsehkastens und Gestaltung einer Fernsehsendung zum Thema „Was wir zu Hause alles spielen können" geben. Die Kinder sollten jedoch nicht zu sehr beeinflußt werden, damit sie eigene Ideen entwickeln konnten.

Da in diesem Kindergarten ein reger Kontakt zwischen den einzelnen Gruppen bestand, hofften die Erzieher, daß von der einen Gruppe entsprechende Impulse auch auf die übrigen Gruppen überspringen würden.

Parallel zu den Aktivitäten mit den Kindern sollte ein Elternabend mit Kleingruppenarbeit zum Thema „Fernsehen belastet und entlastet mich“ stattfinden.

Über die Frage, was konkret für die Durchführung ihres „Fernsehprogramms“ vorbereitet werden sollte, machten die Erzieher sich noch keine Gedanken. Für sie war wichtig, daß sie nun wußten, was sie mit welcher Absicht tun konnten. Sie wollten auf die Reaktionen der Kinder warten und sich dann der sich entwickelnden Dynamik anschließen.

Die Erzieher fanden im Nachhinein die Didaktische Einheit „Fernsehen“ des DJI gar nicht mehr so ungeeignet für die praktische Arbeit im Kindergarten. Allerdings fehlten ihnen nach wie vor dort genauere didaktische Planungshinweise.

Im zuvor beschriebenen Beispiel will ein Erzieherteam die im Kindergarten vorgefundene Situation „Montagsunruhe“, die möglicherweise durch das Fernsehen einiger Kinder am Wochenende verursacht ist, aufgreifen. Bei der Planung ihres Vorhabens orientieren sich die Erzieher an vorgefertigtem Material und kommen am Ende zu einem eigenen, praktikablen Ergebnis.

Der zugrundeliegende Erfahrungsprozeß der Erzieher verlief vom spontanen Zugriff über Ablehnung bis hin zum sachlichen Gebrauch bzw. zur realistischen Einschätzung der vorgegebenen Planungshilfen.

Inhaltlich zeigt der Prozeßverlauf, daß die Erzieher sich bei der Erarbeitung ihres Programms an der DJI-Vorlage entlang bewegten, dabei eigene Ideen entwickelten und dann die vorgegebenen Anregungen für ihre Situation nutzbar machten, aber in einen komplexeren Zusammenhang brachten.

Unter methodischem Aspekt wird deutlich, daß die Erzieher zur Entwicklung ihrer thematischen Einheit zwar theoretische Vorstellungen hatten, die sie praktisch jedoch nicht ohne weiteres durchführen konnten. Vor allem beim Sammeln und Auswerten von Beobachtungen tauchten zunächst Schwierigkeiten auf; ebenso bei der konzeptionellen Zuordnung der verschiedenen Ideen.

Die Annahme der Erzieher, daß der Fernseh-Konsum der Kinder am Wochenende wesentlich die Montagsunruhe der Kinder verursache, wird unüberprüft für „wahr" gehalten und darauf die ganze Planung aufgebaut. Dieses Vorgehen ist zwar bedenklich, obwohl einschlägige Untersuchungen entsprechende Vermutungen zulassen (vgl. E. Lang: Kind, Familie und Fernsehen. Herder, Freiburg o.J.). Wichtig für den Fortgang des Planungsprozesses war jedoch vor allem, daß die Erzieher durch diese gesetzte Behauptung eine praktische Ausgangsbasis für ihre Planung erhielten.

Im Hinblick auf den Umgang mit dem Material ist zu bemerken, daß die Erzieher in der Didaktischen Einheit zunächst nach konkreten Arbeits- und Handlungsanweisungen suchten und erst, als sie diese nicht fanden, die dort aufgeführten Anregungen wirklich als „Anstöße" für die Planung ihrer eigenen thematischen Einheit verstanden und verwendeten.

Dabei gingen sie so vor, daß sie sich als erstes anhand der vorgegebenen Zielsetzung ihre eigenen Zielvorstellungen klarmachten. Ebenso verfuhren sie mit den dargestellten „Situationsanlässen", „Projekten und Spielen".

Das Planungsergebnis am Ende war eine Kombination vorgegebener und eigener Ideen, die zudem in einen sinnvollen Zusammenhang gebracht waren. Die Erzieher übernahmen also nicht einfach das fertige Material und ordneten sich einer fremden Meinung unter, sondern sie planten eigenständig, wobei sie die im Material enthaltenen Anregungen als Orientierung für ihre eigene Arbeit benutzten.

Es ist daher anzunehmen, daß ohne das vorhandene Material bei den Erziehern der Planungsprozeß länger gedauert hätte. Außerdem ist zu vermuten, daß die Erzieher ohne die vorgegebenen Praxisanregungen weniger inhaltlich-theoretische und didaktische Anstöße bekommen hätten. Diese jedoch waren für die Motivation und die Durchhaltefähigkeit der Erzieher wichtig.

Das bedeutet, daß vorgegebene Planungshilfen für die Kindergarten-Arbeit dann besonders effektiv sind, wenn sie einen Orientierungsrahmen bieten, d. h., wenn sie einerseits konzeptionelle Vorgaben machen, die auf einzelnen Anstößen mit Veranschaulichungen beruhen, und andererseits aber auf konkrete Handlungsanweisungen für bestimmte Situationen verzichten. Dennoch ist die Kritik der Erzieher, daß sie zu wenig praktische Unterstützung in der verwendeten Didaktischen Einheit fanden, ernstzunehmen.

► *Möglichkeiten*

Sicherlich wären andere Materialien in der gleichen Situation für die Erzieher ähnlich hilfreich gewesen. Doch es gibt nicht für jede auftretende Situation im Kindergarten ein bereits erarbeitetes Themenheft o. ä.

In solchen Fällen bietet sich folgendes Planungsraster an:

- *Was habe ich vor, wie heißt meine Aufgabe?*
- *Wie kann ich sie am günstigsten organisieren und durchführen?*
- *Mit wem kann ich kooperieren, mich beraten?*
- *Wo kann ich Ideen, Unterstützung finden?*

Mit Hilfe dieser Fragen könnten die angetroffenen und ausgewählten Situationen im Hinblick auf ihre Bearbeitung eine Konkretisierung und Ausrichtung erfahren. Infolgedessen kann dann die inhaltlich-methodische Ausgestaltung der vorangestellten Zielsetzung thematisiert, präzisiert und die praktische Umsetzung erleichtert werden.

Die Planung thematischer Einheiten im Kindergarten rückt mit solchen allgemeinen und speziellen Planungshilfen in realisierbare Nähe. Denn bei entsprechenden Vorhaben müssen Erzieher ihre vorhandenen Arbeitsbedingungen berücksichtigen; d. h., sie dürfen ihren frei zur Verfügung stehenden Aktionsbereich nicht überschätzen, ihre kreativen Entfaltungsmöglichkeiten aber auch nicht unterschätzen.

Beispielsweise können Kindergartenorganisation und punktuell bekundetes Interesse der Kinder nicht einfach zugunsten einer bestimmten Planungsabsicht übergangen werden. In solchen Fällen ist nach Wegen zu suchen, wie Zusammenhänge zwischen den verschiedenen Intentionen und deren praktischer Umsetzung geschaffen werden können, ohne daß das erzieherische Handeln formalistisch oder zufällig werden muß.

Es ist außerdem davon auszugehen, daß der Kindergarten-Alltag nicht ständig von der didaktischen Umsetzung eines Themas bestimmt sein kann. Allerdings sollte eine ausgewogene Mischung von Angeboten erreicht werden, damit der Alltag für die Kinder im Kindergarten lebendig bleibt. Denn Kinder brauchen einerseits zu ihrer Entwicklung Ruhe und Ordnung, andererseits Anregungsmöglichkeiten und Abwechslung. Ein Kindergarten mit immer dem gleichen Tageslauf (wie Freispiel – Frühstück – Stuhlkreis) läßt daher wahrscheinlich für spontan sich entwickelnde Aktivitäten in der Gruppe, die aufgegriffen, intensiviert und ausgeweitet werden könnten, zu wenig Raum sowohl für die individuelle Entfaltung kindlicher Spielfreude als auch für die Motivation gemeinschaftlicher Aktionen.

Planungs- und Arbeitshilfen sind daher sehr willkommen. Sie bieten unter anderem die Möglichkeit, Erzieher zu einer offeneren und situationsorientierten Arbeit im Kindergarten zu motivieren und damit unter Umständen sogar neuen Schwung und Arbeitseifer zu erzeugen.

Allerdings ist die Gefahr, die vorgegebenen Praxishilfen im Sinne von Handlungsanweisungen zu verstehen, nicht zu übersehen.

▶ *Fazit*

Insgesamt dürften vorgefertigte Planungshilfen für die Erzieher eine Erleichterung bei ihren didaktischen Überlegungen sein und Entlastung für situationsorientiertes Arbeiten im Kindergarten schaffen.

Erzieher brauchen also nicht alles selber zu machen, wenn entsprechende kommerzielle Angebote zur Verfügung stehen. Vielmehr kommt es darauf an, die vorhandenen Materialien im Sinne der eigenen Ideen umzusetzen und für die betreffende Situation nutzbar zu machen.

▶ *Was meinen Sie?*

- Warum sind die Erzieher in dem angeführten Beispiel so und nicht anders bei ihrer Projektplanung vorgegangen?
- Haben sie etwas Wesentliches übersehen?
- Welche Erziehungskonzeption liegt der vorgestellten Programmplanung zugrunde?
- Welche Funktion hatte das Erzieherteam bei diesem Planungsprozeß?
- Welche theoretischen und praktischen Möglichkeiten sehen Sie, das von den Erziehern entwickelte Programm weiter auszuführen?
- Wie hätten Sie das Problem „Montagsunruhe im Kindergarten“ aufgegriffen und interpretiert?

Bei jedem läuft es anders

Gemeinsames Planen kann Spaß machen und für den einzelnen Erzieher ein Gewinn sein. Daß auch der konkrete Kindergarten-Alltag von der gemeinsamen Planung profitieren kann, läßt sich am folgenden Beispiel nachvollziehen.

Ein Kindergarten-Team in E. hatte beschlossen, einmal eine didaktische Einheit gemeinsam zu planen und getrennt in allen drei Gruppen durchzuführen. Die Gelegenheit ergab sich dazu nach den Sommerferien, als die neuen Kinder im Kindergarten etwas heimisch geworden waren und keine besonderen Höhepunkte anstanden.

In dieser Zeit beobachteten die Erzieher durchgängig, wie die Älteren in ihrer Gruppe sich immer stärker auf Kosten der Jüngeren durchzusetzen versuchten, so daß häufig Streitereien entstanden. Diese allgemein aufgetauchte Schwierigkeit nahmen die Erzieher als willkommenen Anlaß für ihr gemeinsames Projekt.

Sie setzten sich zusammen, tauschten Beobachtungen bzw. Erfahrungen aus und überlegten, was bei den Kindern mit ihrem Angebot erreicht werden sollte. „Vertragen und nicht schlagen", „der Starke hilft dem Schwächeren", „Streiten lernen", „Klein und Groß im Kindergarten" – das waren ganz spontan geäußerte Ideen.

Bevor konkret geplant wurde, beschlossen die Erzieher, zunächst mit den Kindern ihrer Gruppe zu sprechen. Es stellte sich allgemein heraus, daß die Größeren einer Gruppe sich zusammenschlossen und kommandierten, weil sie mit den Kleineren, den „Babies", nicht spielen wollten; und dadurch, daß die Kleineren sich ihrerseits mit Hänseleien gegen die Größeren wehrten, entstanden Konflikte in den Gruppen. Eigentlich fanden alle Kinder das nicht schön. Aber es war „so" langweilig, mit den Kleinen zu spielen und umgekehrt so „doof", das zu tun, was die Großen wollten.

Die Erzieher überlegten daraufhin, wie bei den Kindern gegenseitiges Verständnis zu wecken und zugleich Gemeinschaftsfähigkeit zu erreichen wäre: Die Kinder könnten sich beispielsweise untereinander austauschen, was sie alles angestellt haben, als sie noch kleiner waren, was sie nun alles schon zustande brächten, warum die Erwachsenen viel mehr leisten müßten als Kinder, welche Vorteile Kinder im Kindergarten gegenüber denen in der Schule hätten usw.

Allmählich nahm die Idee „Klein und Groß“ konkrete Gestalt an: Die Erzieher wollten die Kinder bitten, ein Foto von zu Hause mitzubringen, auf dem sie noch viel jünger waren. Dann sollte jede Gruppe im Kindergarten fotografiert werden, und anschließend sollten Einzelbilder und Gruppenfoto in Beziehung gebracht werden. Jedes Kind konnte auf diese Weise zum Gruppengeschehen etwas Besonderes beitragen, wurde aufgrund dessen von den anderen anerkannt, und vielleicht ergaben sich für die Kinder untereinander neue Anknüpfungspunkte zur Kooperation.

Die Erzieher waren sich einig, daß in der Planung vorher nicht mehr als dies festgelegt werden sollte. Jeder wollte in seiner Gruppe das gemeinsame Thema „Klein und Groß“ je nach Situation weiter ausgestalten.

Es war sehr unterschiedlich, was sich alles aus der gemeinsamen Planung ergab: In der einen Gruppe waren die Kinder von den mitgebrachten Säuglingsbildern aus auf das Thema „Kinderkriegen“ gestoßen, das in der Folgezeit eingehend behandelt wurde. Dabei hatten sie sogar eine Tageskrippe für Säuglinge besucht. Die Schwierigkeiten zwischen kleineren und größeren Kindern in der Gruppe waren nicht mehr wichtig, denn alle hatten ein neues Interesse gefunden, dem sie zusammen nachgingen.

In der anderen Gruppe war ein großes Wandbild angefertigt worden. In der Mitte prangte das Gruppenfoto. Drumherum waren die Einzelfotos angeordnet, und zu diesen war noch ein Bild mit den dazugehörigen Familienmitgliedern des betreffenden Kindes gemalt worden. Alle drei Elemente auf dem Wandbild wurden für jedes Kind mit einer durchgehenden Verbindungslinie gekennzeichnet, so daß am Ende ein strahlenförmiges Gebilde zu sehen war. Das anschließende Gespräch drehte sich zunächst um die Familiensituation der Kinder. Dabei stellte sich heraus, daß es viele Einzelkinder gab, die häufig nicht wußten, mit wem sie spielen sollten. Dadurch drehte sich das Gruppengespräch dann plötzlich um die Veränderung der häuslichen Situation. Ganz praktisch überlegten die Kinder z. B., wie sie sich gegenseitig besuchen könnten. Zu diesem Zweck wurde daraufhin ein zweites Wandbild von der Gruppe angefertigt, auf dem ein Stadtplan mit Wohnung, Telefon-Nummer und Adresse der einzelnen Kinder eingezeichnet waren. Nicht mehr das Thema „Klein und Groß" war hier gefragt, sondern: „Wer wohnt in der Nähe von wem?"

In der dritten Gruppe waren die Kindern von den Fotos selbst und vor allem vom Fotografieren fasziniert. Sie wollten wissen, wie ein Fotoapparat funktioniert, wie aus dem eingelegten Film ein Bild entsteht, welcher Unterschied zum Filmen und Filmapparat besteht usw. Um auf ihre Fragen fachkundige Antworten zu bekommen, besuchte diese Gruppe ein Fotolabor, wo den Kindern alle Einzelheiten erklärt wurden. Zurückgekehrt versuchten sie sich selbst am mitgebrachten Fotoapparat. Sie halfen sich dabei gegenseitig bei der Einstellung von Blende, Entfernung und Zeit, knipsten verschiedene Motive, diskutierten die entsprechende Auswahl, und zum Schluß wurde eine Ausstellung von allen angefertigten Fotos gemacht.

Natürlich waren nicht immer alle Kinder einer Gruppe am jeweiligen Thema beteiligt. Manche spielten ungestört nebenher ihr Spiel, andere beschäftigten sich nur sporadisch mit der gemeinsamen Aktivität, und wieder andere waren voller Begeisterung ausschließlich mit dem Thema zugange, schalteten sogar zu Hause die Familie ein und kamen auf immer neue Fragen und Antworten, die sie dann wieder in die Gruppe hineintrugen.

Die Erzieher waren überrascht über die Verschiedenartigkeit der Gruppenprozesse und sehr zufrieden mit den eigenen Ergebnissen. Sie hatten den Eindruck, daß die Kinder ihrer Gruppe jeweils alle in irgendeiner Weise von dem Gruppenthema angesprochen waren. Sie fanden auch, daß sich untereinander für sie persönlich viel mehr Gesprächsmöglichkeiten ergeben hatten; sie konnten sich austauschen, Vergleiche ziehen, Anregungen aufnehmen usw.

Allerdings herrschte im Team Uneinigkeit darüber, ob die Umsetzung ihrer gemeinsamen Planung erfolgreich gewesen war. Denn das Thema „Klein und Groß" war eigentlich ja nirgendwo direkt behandelt worden. Erst als von seiten der Eltern positive Rückmeldungen über die vielfältigen und interessanten Aktivitäten im Kindergarten kamen, meinten auch die anfangs skeptischen Erzieher, daß der konkrete Prozeß in der Kindergruppe und sein Ergebnis wichtiger gewesen seien als die vorher theoretisch entwickelten Zielvorstellungen von Verständnis und Gemeinschaftfähigkeit der Kinder.

Die Erzieher überlegten weiter: Das zugrundeliegende Problem, nämlich die Schwierigkeiten zwischen den Kleineren und Größeren in der Gruppe war eigentlich nie aufgetaucht. Vielleicht darum nicht, weil die Kinder an der gemeinsamen Sache interessiert waren oder neue Spielpartner gefunden hatten. Jedenfalls war, für alle sehr angenehm, neue Bewegung in den Kindergarten-Alltag gekommen. – Ein Ergebnis, daß die Erzieher zur Fortsetzung ihrer neuen Arbeitsweise motivierte.

Im zuvor beschriebenen Beispiel machte ein Kindergarten-Team die Erfahrung, daß die Durchführung eines gemeinsam geplanten Themas in den verschiedenen Gruppen in unterschiedlichen Richtungen verlief und daß nicht das Ziel, sondern der Weg für die Gruppe entscheidend war und lebendig machte.

Für den einzelnen Erzieher war wichtig, daß er zu Beginn mit dem Problem „Streit zwischen Groß und Klein" in seiner Gruppe nicht allein gelassen war, sondern diesbezüglich im Kollegenkreis nach Lösungen suchen konnte. – Unter gruppenpädagogischem Aspekt dürfte das Verhalten der Kinder, das den Erziehern zum Problem wurde, normal gewesen sein. Denn in jeder Gruppe beginnt nach einer bestimmten Eingewöhnungszeit zwichen alten und neuen Gruppenmitgliedern ein gewisser Machtkampf, der später mit Hilfe der Erzieherin meist in Kooperation übergeht.

Erstaunlich dagegen ist, wie die Kinder in ihrer Gruppe jeweils die funktionale Seite der Angebote aufgriffen und ausgestalteten. Das konkret Machbare und nicht das abstrakt Erreichbare ist sicherlich für diese Altersstufe allgemein kennzeichnend. Dennoch dürfte es nicht typisch sein, wieweit hier die Kinder den Bereich normaler Kindergarten-Beschäftigungen ausdehnten. Vermutlich spielte dabei das Gewährenlassen der Erzieher eine wichtige Rolle. Sie unterstützten mit Recht das Bedürfnis der Kinder nach Umweltorientierung.

Dieses Verhalten der Erzieher resultierte unter anderem aus der offenen Planungsstruktur des Angebots und vielleicht auch aus dem mehr unbewußten Motiv der Erzieher, jeweils mit der eigenen Gruppe trotz gemeinsamer Absprachen im Team eine eigenständige Gestaltung des Themas vorzunehmen.

Durch den von den Erziehern zusammen gewählten Anfang mit den Kinderfotos war für die jeweilige Gruppenarbeit eine individuelle Starthilfe gegeben. Zugleich war durch die offene Struktur des geplanten Angebots die Möglichkeit zu dessen origineller Weiterentwicklung in der einzelnen Gruppe angelegt.

Für die Richtigkeit des Vorgehens spricht, daß in keiner Gruppe das geplante Angebot den erwarteten Verlauf in Richtung Konfliktlösung der Streitereien nahm. Die drei entstandenen Gruppenthemen „Kinderkriegen", „Fotografieren" und „Gegenseitiges Besuchen" zeigen eine Weiterentwicklung des Ausgangsthemas „Groß und Klein"; denn die Kleinen beschäftigten sich mit der Welt der Großen, bzw. die Kinder versuchten, sich ein Stück Erwachsenenwelt anzueignen.

Die unterschiedlichen Gruppenergebnisse sind der Beweis für eine richtig verstandene Planung im Kindergarten, auch wenn die Erzieher selbst zunächst von ihrer Arbeit nicht voll überzeugt waren. Doch die Tatsache, daß fast alle Kinder an der gemeinsamen Aktion beteiligt, also davon angesprochen waren, zeigt, daß das Thema und seine methodische Umsetzung richtig gewählt waren. Eben weil das Thema nicht direkt auf die Bearbeitung der Schwierigkeiten gerichtet war, sondern diese indirekt, „tangential" anging.

Der eigentliche Zugewinn dieser offenen, gemeinsam geplanten Aktivität der Erzieher lag vor allem in der größeren Kooperation der einzelnen Gruppen untereinander, derzufolge sich die innere Struktur des Kindergartens veränderte. Außerdem entstanden dadurch, daß die Kinder der verschiedenen Gruppen sich gegenseitig austauschten, zusätzliche Anregungen und gruppenübergreifende Gesprächsanlässe für alle Beteiligten.

Die Folge der gemeinsamen offenen Planung der Erzieher war also eine unterschiedliche, kreative und alle bereichernde Ausführung in den Kindergruppen sowie eine größere Kooperation in der Einrichtung.

► *Möglichkeiten*

Für die Erzieher eines Kindergartens sollte eine gemeinsame offene, pädagogische Planung und Reflexion des individuell durchgeführten Angebots im Team zur selbstverständlichen Gewohnheit werden. Denn durch das gemeinsam geplante Angebot wird der einzelne Erzieher in seiner eigenen Aktivität unterstützt und frei zum Handeln in der Gruppe. Das heißt, durch die im Team bereits überprüfte Planung kann der einzelne Erzieher sich beruhigt bei der praktischen Umsetzung auf sein konkretes pädagogisches Handeln konzentrieren und sehr differenziert und individuell auf das Verhalten der Kinder reagieren.

Zugleich wird, wie sich zeigte, durch ein gruppenübergreifendes Thema in den Kindergarten-Alltag neue Bewegung gebracht: Die Impulse von den Kindern sowie die jeweils angetroffene Situation in den verschiedenen Gruppen sorgen für neue Spannung und dafür, daß das gemeinsame Thema eine gruppenspezifische Ausrichtung erfährt.

Auch wenn ein Kindergarten-Team sehr differenziert gemeinsam plant, dürfte es mehr als wahrscheinlich sein, daß bei der Durchführung in den einzelnen Kindergruppen Unterschiede auftreten. Dies ist auch richtig. Denn die Gruppenarbeit soll ja nicht gleichmachen, sondern vor allem für den einzelnen Erzieher Erleichterung bringen und darüber hinaus für alle Beteiligten eine spannende Angelegenheit im Kindergarten-Alltag werden.

Diese Tatsache, daß es bei jedem Erzieher, trotz gemeinsamer Planung, anders läuft, dürfte Skeptiker beruhigen, die vor der Gefahr einer Gleichmacherei im Kindergarten warnen. Vielmehr bewirkt die gemeinsame Planung, daß zusätzliche Vergleichs- und Diskussionsmöglichkeiten für die Erzieher fast von selbst entstehen und weitere Kreise ziehen. In dieser dynamischen Weiterentwicklung liegt der besondere Reiz der gemeinsamen offenen Planung.

Hinzu kommt, daß sich damit eine Kontrolle von außen erübrigt. Kindergarten-Leiterin, Träger, Eltern und Fachberater können stattdessen als Handlungspartner in den Teamprozeß einbezogen werden.

Der etwas mühsame Anfang solcher gemeinsamer Planungsprozesse sollte daher nicht abschrecken, sondern aufgrund der Erfahrungen anderer motivieren. Mit der Frage: „Welche Probleme habe ich momentan in meiner Gruppe?", könnte ein Einstieg in das gemeinsame Gespräch versucht werden. Als nächstes könnten die Erzieher die Frage: „Wo haben wir ein gemeinsames Oberthema?", behandeln. Das Ergebnis könnte dann in den einzelnen Kindergruppen diskutiert und je nach den Bedürfnissen der Kinder thematisiert, konkretisiert oder modifiziert werden.

Anschließen könnte sich ein Erfahrungsaustausch der Erzieher, der in die allgemeine Vorbereitung mit Materialsammlung, Definition der Zielvorstellungen und Handlungselemente übergehen könnte. Die daraufhin stattfindende Diskussion, Überprüfung und Durchführung des geplanten Vorhabens sollte dann in der Kindergruppe geschehen.

Der Planungsablauf: Vorüberlegung – Erörterung – Präzisierung – Konkretisierung – Aktivierung sollte sich mehrmals wiederholen und sich allmählich in einen spiralförmigen kontinuierlichen Erfahrungs- und Reflexionsprozeß verwandeln.

Dort, wo dieser Prozeß im Kindergarten Gestalt annimmt, geschieht ein lebendiges Miteinander von Erziehern und Kindern, das sich von traditionellen Kindergarten-Beschäftigungen ohne Bedenken entfernen kann.

Denn nicht das Angebot an sich ist im Kindergarten ausschlaggebend, sondern der Prozeß, durch den das Angebot gemeinsam erfahren wird.

▶ *Fazit*

Die pädagogische Planung im Kindergarten sollte stets soweit wie möglich mit allen Beteiligten durchgeführt werden. Die Realisierung in den einzelnen Gruppen ergibt sich dann aus den Wünschen, Bedürfnissen, Problemen der Kinder und der jeweiligen Gruppendynamik. Aufgrund dieser gemeinsamen offenen Planung kann Kindergarten-Arbeit dann als gemeinsamer Handlungs-, Erfahrungs- und Reflexionsprozeß von Erziehern und Kindern definiert werden.

▶ *Was meinen Sie?*

- Welche anderen Möglichkeiten sehen Sie, auf das zugrundeliegende Problem „Streit zwischen größeren und kleineren Kindern in der Gruppe“ zu reagieren?
- Hätten Sie im vorstehenden Beispiel der Themenentwicklung in den Kindergruppen so weiten Raum gelassen wie die betreffenden Erzieher? – Warum, warum nicht?
- Wie würden Sie den beteiligten Eltern oder anderen Interessierten die entstandenen anspruchsvollen Gruppenaktivitäten, die über den Kindergarten hinausgingen, begründen?
- Halten Sie es überhaupt für legitim, gemeinsam im Team ein entsprechendes Angebot für die Kinder zu planen?

Veröffentlichung von Erfahrungen

Die gemeinsame pädagogische Planung im Team hätte nur halb soviel Erfolg, wenn das konkrete Ergebnis sich lediglich auf den betreffenden Kindergarten beschränken würde.

In einem Kindergarten in B., in dem die gemeinsame pädagogische Planung bereits zur Gewohnheit des Teams geworden war, beschlossen die Erzieher, ihre Arbeiten für eine vom Träger initiierte Ausstellung zur Verfügung zu stellen.

Mit den Kindern wurde gerade das Thema: „Wenn ich einmal Angst habe", bearbeitet. Jeder Erzieher wollte daher, bevor weiterüberlegt wurde, entsprechende Arbeitsergebnisse in seiner Gruppe sammeln.

In der einen Gruppe waren Gespenster gemalt und gebastelt worden, und an einem Abend wurde sogar im Kindergarten „Gespensterles" gespielt. In der anderen Gruppe hatten die Kinder das Verlaufen aufgegriffen und verschiedene Orientierungsmöglichkeiten im Stadtviertel ausprobiert. Die dritte Gruppe hatte sich mit dem Gewitter, seiner Entstehung und Wirkung auseinandergesetzt. In der vierten Gruppe war das Thema „Hilfe beim Auto-Unfall" gespielt worden, das von einem Jungen vorgeschlagen wurde, der einige Tage zuvor einen Verkehrsunfall beobachtet hatte.

Während dieser Arbeitsweise herrschte zwischen den einzelnen Gruppen reger Verkehr. Die Kinder wollten wissen, was nebenan die anderen machten; sie fragten nach, diskutierten untereinander und trugen manche Idee in die eigene Gruppe hinein.

Nachdem die Erzieher jeweils die einzelnen Arbeitsschritte in ihrer Gruppe notiert und ihre Ergebnisse in Form von Bildern, Fotos und Gesprächsprotokollen festgehalten hatten, trafen sie sich zur Weiterführung ihrer geplanten Ausstellung.

Eine Erzieherin schlug vor, die Arbeiten der einzelnen Gruppen jeweils auf Stellwänden aufzuheften. Eine andere wollte alle Ergebnisse auf Diafilm aufnehmen und bei Bedarf mit Kommentar vorführen. Die dritte Erzieherin widersprach, es müsse ihrer

Meinung nach zunächst einmal ein Gesamtentwurf konzipiert werden, sonst blieben die Gruppenergebnisse ohne Zusammenhang. Das Argument leuchtete allen ein.

Es wurde hin- und herüberlegt. Sollte als Oberthema „Angst" oder „Was bei uns alles passiert" oder einfach „Kindergarten-Alltag" genommen werden? Die Erzieher wußten zunächst nicht so recht weiter. Dann kam eine auf die Idee „Stoffsammlung" und fragte: „Was fällt euch alles ein, wenn ihr an unseren Kindergarten denkt?"

„Wieso, warum dieser Umweg?" reagierte eine Kollegin. Wieder eine andere ermutigte jedoch, daß dieser Weg wenigstens im Augenblick gangbar sei, wenn sie schon keine klare Aufgaben- oder Themenstellung definieren könnten.

„Also", begann eine dritte Erzieherin, „mir fällt bei unserem Kindergarten ein, daß die Materialkammer aufgeräumt werden muß!" – „Und ich sehe uns hier sitzen, wie wir uns die Köpfe zerbrechen" – „und ich denke daran", ergänzte wieder eine andere, „daß wir auch die Kinder fragen sollten". – „Wir könnten eine Kindergarten-Chronik schreiben, dann hätten wir das nächste Mal nicht solche Schwierigkeiten, wie jetzt", überlegte eine Erzieherin. – „Prima, dann fang mal an!" entgegnete jemand. – Alle lachten.

Doch die Erzieherin fuhr fort, „ganz im Ernst, wir könnten doch in chronologischer Reihenfolge berichten, wie sich unser Kindergarten bis heute entwickelt hat!" – „Berichten ja", schlug eine andere vor, „aber über das, was hier und jetzt geschieht!" – „Berichten, wie sich unser „Angst-Thema" entwickelt und konkretisiert hat?", kam die Rückfrage. „Könnte das nicht auch gemalt werden?"

So ging es noch eine Weile weiter. Ein Wort gab das andere, eine Idee regte eine weitere an, produzierte eine neue Phantasie. Endlich waren die Erzieher mit dem Ergebnis zufrieden: Es sollte ein riesengroßes Wandbild angefertigt werden, auf dem ein aufgeklapptes Haus zu sehen war, das die Kindergarten-Arbeit symbolisierte. Im Keller hatten die Bedingungen, Voraussetzungen, Grundlagen der Arbeit in schriftlicher und gemalter Form Platz. Im Erdgeschoß wurden die derzeitigen Aktivitäten der verschiedenen Gruppen anhand der gesammelten Materialien zur gegenwärtigen Arbeit am Thema „Angst" dargestellt. Im ersten Stock wurde Einblick in jenes Geschehen gewährt, das sonst hinter den Kulissen ablief (z. B. Putzen, Einkaufen, Dienstbesprechungen, Vorbereitung). Als Dach dienten die wichtigsten Zielsetzungen. Anstelle von Innen- und Außenwänden sollten Schriftbänder dem Haus Gestalt geben, auf denen verschiedene Methoden, Inhalte und Medien im Kindergarten aufgeführt waren. – „Eine wahrhaft kreative Konzeption" meinten die Erzieher.

Das Wandbild wurde nach Fertigstellung zunächst in der Eingangshalle des Kindergartens aufgehängt. Kinder, Eltern und Besucher fragten nach. Kollegen aus Nachbarkindergärten kamen, wollten über die dargestellte Arbeit diskutieren, stellten eigene Erfahrungen und Zweifel dagegen.

Den Erziehern war die Überprüfung und Kontrolle von anderen sehr willkommen. Wichtige Argumente wurden im Team nochmals überdacht, so daß auf dem Wandbild an zwei Stellen inhaltliche Korrekturen erfolgten.

Dann gaben die Erzieher mit gemischten Gefühlen ihr Bild ab. Zur Eröffnung der Ausstellung war das Team vollzählig erschienen, um Rede und Antwort zu stehen. Doch wie überrascht waren die Erzieher, als ihnen auch von anderen sozialpädagogischen Institutionen die Durchschaubarkeit ihrer Arbeit voller Anerkennung bestätigt wurde.

Es kam daraufhin zur Diskussion übergreifender Fragestellungen, wie z. B.: „Was will Sozialpädagogik heute eigentlich erreichen? – Wieweit könnten die jeweiligen Adressaten selbst (vor allem Kinder, Jugendliche, Eltern, Alte, Behinderte, Kranke) an ihrer eigenen Betreuung beteiligt werden? – Warum setzen Sparmaßnahmen zuerst im Sozialbereich an?"

Die Erzieher kehrten sehr angeregt in ihren Kindergarten zurück. Sie wußten nun, daß sie mit ihren Problemen nicht alleinstanden. Sie waren froh, ihre Arbeit dargestellt und ihre Erfahrungen anderen mitgeteilt zu haben. Sie wollten ein ähnliches Unternehmen bei ihrem Fachverband für alle Erzieher vorschlagen, damit ein größerer Erfahrungsaustausch in Gang kam und vor allem, damit sich die Erzieher aus ihrem isolierten Kindergarten-Dasein herausbewegten, sich mehr zusammenschlossen und auch mit Fachkollegen aus anderen sozialen Bereichen Kontakt aufnahmen.

Eins stand für die Erzieher im Kindergarten in B. nun fest: Sie wollten auch künftig ihre Erfahrungen weitergeben, vielleicht sogar eine eigene Kindergarten-Zeitung herausgeben, an der dann auch die Eltern intensiver mitarbeiten könnten.

Im zuvor dargestellten Beispiel veröffentlicht ein Erzieher-Team die eigenen Praxiserfahrungen, indem es sie in einen konzeptionellen Zusammenhang brachte, auf originelle Weise veranschaulichte und öffentlich ausstellte. Die mit dieser Veröffentlichung einhergehenden neuen Erfahrungen motivierte die Erzieher, häufiger Arbeit und Ergebnisse des Kindergartens in die Öffentlichkeit zu bringen.

Der Impuls zur Veröffentlichung kam von außen durch das Vorhaben des Trägers. Er wäre jedoch von den Erziehern nicht aufgenommen worden, wenn nicht eine gewisse Bereitschaft und Sicherheit im Team vorhanden gewesen wäre: Die Erzieher planten und reflektierten bereits gemeinsam ihre Arbeit; ein gemeinsames Oberthema wurde in den einzelnen Gruppen auf verschiedenartige Weise behandelt; die Kinder der einzelnen Gruppen besuchten sich gegenseitig. Die Folge war, daß die Erzieher die gesamte Arbeit im Kindergarten im Blick hatten und sich nicht nur wie früher für ihre eigene Gruppe interessierten. Dies mag bei den Erziehern der eigentliche Grund für die beabsichtigte Veröffentlichung ihrer Erfahrungen gewesen sein.

Die stattfindende gemeinsame Planungsarbeit zur Realisierung ihrer Veröffentlichung verlief über eine Ideensammlung und -modifizierung zu einem anschaulichen Ergebnis. Dabei diskutierten die Erzieher nicht jede geäußerte Idee sofort, sondern sie phantasierten weiter, setzten neue Ideen daneben, nahmen einen bestimmten Gedanken in veränderter Form wieder auf und kamen auf diese Weise zu einem für alle befriedigenden Ende.

Das Ergebnis der gemeinsamen Planung, das in Form eines Wandbildes die gesamte Kindergarten-Arbeit der Erzieher symbolisierte, wurde zunächst in der Einrichtung selbst und dann beim Träger ausgestellt. Mit diesem Vorgehen schufen die Erzieher sich Kontroll- und Korrekturmöglichkeiten von außen und erhielten somit eine gewisse Bestätigung. Voraussetzung war, daß die Erzieher sich ihrer praktischen und konzeptionellen Arbeit sehr sicher waren, ohne daß ihnen das richtig zu Bewußtsein kam.

Die gelungene Veröffentlichung führte zur Fortsetzung des begonnenen neuen Wegs der Erzieher. Diese Motivation dürfte auf die positiven Rückmeldungen zurückzuführen sein; vor allem auf die neuen Impulse von anderen Fachkollegen, die eine allgemeine Diskussion sozialpädagogischer Fragen auslösten und damit Gemeinsamkeit signalisierten.

Aufgrund dieser neuen Erfahrungen entstanden dann im Team weiterführende Überlegungen zu Kindergarten-übergreifenden Aktivitäten (Fachverband, Kindergarten-Zeitung), um damit eine breitere Öffentlichkeit in den Prozeß veröffentlichter Praxiserfahrungen einzubeziehen.

Mit dieser Absicht bekundeten die Erzieher eine realistische Einschätzung ihrer Arbeit: Eine größere Öffentlichkeit würde in der gegenwärtigen Situation für den Kindergarten wahrscheinlich eine wirksame Hilfe bedeuten.

▶ *Möglichkeiten*

Die neuen Erfahrungen aufgrund der Veröffentlichung führten bei den Erziehern zur Planung Kindergartenübergreifender Aktivitäten: Der Erfahrungsaustausch im Fachverband und mit Kollegen anderer sozialpädagogischer Einrichtungen auf regionaler Ebene sowie die Herstellung einer Kindergarten-Zeitung können allgemein dazu dienen, Praxiserfahrungen zu veröffentlichen. Aufgrund dessen könnten wieder neue Praxiserfahrungen und ein erneuter Erfahrungsaustausch darüber angeregt werden.

Das sich dabei entwickelnde spiralförmige Vorgehen sollte sich von der einzelnen Gruppenarbeit über die Arbeit in der gesamten Einrichtung bis hin zu Kontakten mit

Eltern, Fachkollegen und Träger erstrecken. Da dieses Vorgehen immer wieder zurückführt auf die eigentliche Praxis, kann ansatzweise die Kindergarten-Arbeit kontrolliert, neu überprüft und aufgrund von gefundenen Mängeln korrigiert und damit verbessert werden.

Offene pädagogische Planung im Team, die die Veröffentlichung von Erfahrungen einschließt, kann daher eine überprüfte Veränderung für den Kindergarten bewirken.

Maßgeblich bei solchen Planungsprozessen ist das Verhalten der einzelnen Teammitglieder untereinander.

Wohlwollen, Toleranz, gegenseitige Unterstützung kreativer Ausgestaltung und konstruktive Vorschläge zur schrittweisen Hinführung auf die eigentliche Fragestellung sind generell für die gemeinsame Planungsarbeit sehr förderlich. Darüber hinaus ist speziell hier individuell Mut zum Offenlegen des eigenen pädagogischen Handelns notwendig, auch wenn dieses Handeln im Nachhinein manchmal Beschämung auslöst. Doch gerade dadurch wird persönliche Betroffenheit und offene Kooperation ermöglicht. Hinzu kommen kritische und reflektierende Betrachtungsweisen, damit sich diese Art von Planung nicht verselbständigt.

Die Möglichkeit, die geplante Veröffentlichung pädagogischen Handelns immer wieder durch Rückführung auf die eigentliche Praxis im Kindergarten zu kontrollieren und zu korrigieren, führt auch dazu, daß die konzeptionellen Voraussetzungen dieser Praxis konkretisiert, überprüft und bei Bedarf modifiziert werden können.

Wenn diesbezüglich ebenfalls Einigkeit im Team erreicht ist, dann kann in der betreffenden Einrichtung erst richtig offene Kindergarten-Arbeit geschehen: Dann müssen die Türen zu den einzelnen Gruppenräumen nicht mehr – wie häufig noch anzutreffen – ängstlich verschlossen bleiben. Die starren Grenzen zwischen „meinen“ und „deinen“ Kindern können aufgehoben werden, so daß gruppenübergreifende Aktivitäten fast von selbst entstehen.

Wenn darüber hinaus auch die Eltern mit passenden Aktionsmöglichkeiten einbezogen werden, dann kann in diesem Kindergarten tatsächlich von Offenheit und Kooperation geredet werden. Wenn außerdem auch ein Austausch mit einschlägigen Ausbildungsstätten und Fachwissenschaftlern möglich würde, beispielsweise durch einen Zeitschriftenartikel der Erzieher, dann könnte sich auch die pädagogische Arbeit im Kindergarten theoretisch weiterentwickeln, und notwendige Veränderungen ließen sich dann entsprechend absichern.

Die Erzieher im Kindergarten sollten daher auf die Weitergabe ihrer praktischen und persönlichen Erkenntnisse nicht verzichten.

► *Fazit*

Die Veröffentlichung von Praxiserfahrungen aufgrund gemeinsamer Planung im Team ist notwendig, damit sich die Kindergarten-Arbeit in enger Anlehnung an die Wirklichkeit weiterbringen und verändern kann. Voraussetzung ist, daß die Öffentlichkeit reagiert und ihrerseits ihre Erfahrungen mit dem Kindergarten zur Diskussion stellt.

Erst wenn diese gegenseitige Offenheit erreicht ist, dann kann eine für alle Beteiligten akzeptable Perspektive für den Kindergarten bis in verbands-, sozial- und gesellschaftspolitische Ebenen hinein gefunden werden.

► *Was meinen Sie?*

- Wie würden Sie in dem angeführten Beispiel die von den Erziehern geplanten Kindergarten-übergreifenden Aktivitäten und deren Realisierungsmöglichkeiten einschätzen?
- Wieweit würden Sie im Kindergarten die offene pädagogische Planung ausdehnen?

- Was würde für Sie im Kindergarten Offenheit nach innen und außen bedeuten?
- Warum gibt es Ihrer Meinung nach zur Zeit relativ wenig veröffentlichte Praxiserfahrungen aus dem Kindergarten?

Zusammenfassung

Pädagogische Planung im Team ist – so sollte in diesem Kapitel deutlich werden – meist der Anfang für eine offenere Kindergarten-Arbeit. Sie bietet den Erziehern Unterstützung sowie vielseitige und kontrollierte Möglichkeiten zum praktisch-pädagogischen Handeln mit den Kindern.

Insbesondere dort, wo ein Team den situationsorientierten Arbeitsansatz praktiziert, erhält der einzelne Erzieher Entlastung durch die gemeinsame Planungsarbeit und aufgrund dessen mehr Freiheit bei der Durchführung und mehr Akzentuierungsmöglichkeiten. Außerdem gewinnt er Handlungsspielraum im Umgang mit den verschiedenen Kindern in der Gruppe.

Gegenseitige Anregungen der Erzieher untereinander und vorgefertigte Materialien für die Praxis geben bei Planungen im Team zudem weitere Anstöße für das individuelle und gemeinsame Handeln im Kindergarten.

Pädagogische Planung im Team, die sich darüber hinaus auch auf die Veröffentlichung von Praxiserfahrungen im Kindergarten erstreckt, schafft vermehrte Offenheit und Kooperation sowie zusätzliche Überprüfungs- und Korrekturmöglichkeiten in der Öffentlichkeit für den Kindergarten.

Das bedeutet: Wenn Träger, Fachverbände, Wissenschaftler und politische Entscheidungsgremien sich auf einen offenen Erfahrungsaustausch mit den Erziehern einließen, dann könnte sich die Kindergarten-Arbeit permanent weiterentwickeln und notwendige Veränderungen im gesamten sozialpädagogischen Bereich verwirklichen helfen.

Gerade heute, in einer Zeit, die durch Stellenkürzungen, Sparmaßnahmen und Rückzugstendenzen gekennzeichnet ist, kann die gegenwärtige Bedeutung des Kindergartens für unsere Gesellschaft nur durch qualifiziert geleistete pädagogische Arbeit nachgewiesen werden. Diese Aufgabe kann sicherlich nicht mehr primär vom einzelnen Erzieher geleistet werden. Die gemeinsame offene pädagogische Planung im Kindergarten ist daher unerläßlich: Sie kann eine offene, kooperative und korrigierende Arbeit im Kindergarten und über diesen hinaus mit der Öffentlichkeit ermöglichen.

Pädagogische Planung im Team ist folglich ein wesentlicher Bestandteil der Kindergarten-Arbeit und daher auch eine wichtige Aufgabe von Dienstbesprechungen.

4 Aufgaben der Kindergarten-Leitung

In den Kapiteln zuvor wurde bereits angedeutet, daß im Kindergarten die Leiterin (es gibt nur in Ausnahmefällen einen Leiter) andere Aufgaben hat als die Gruppenerzieher, und daß sie genauso wie die anderen Mitarbeiter Schwierigkeiten bei der gemeinsamen Arbeit hat.

Dies ist nicht verwunderlich, denn die Leiterin ist aufgrund der Dienstordnung für die gesamte Kindergarten-Arbeit verantwortlich. Sie hat daher spezifische Aufgaben und Probleme zu bewältigen, die meist nicht allgemeingültig definiert sind. Außerdem hat sie aufgrund ihrer Doppelrolle (Teammitglied und Leiterin) einen sehr schwierigen persönlichen Lernprozeß durchzumachen, bei dem sie meist alleingelassen wird.

Von der Leiterin werden außerdem von verschiedenen Seiten unterschiedliche Verhaltensweisen und Einstellungen verlangt: Z. B. wird allgemein von ihr erwartet, daß alles im Kindergarten seinen geordneten Gang nimmt, daß sie pädagogisch qualifizierten Rat gibt, für alle ein offenes Ohr hat und die Einrichtung positiv nach außen vertritt. Speziell erwartet vielleicht der Träger von ihr als Vorgesetzte den Mitarbeitern gegenüber ein festes Auftreten, die Mitarbeiter dagegen erhoffen von ihr als Kollegin eine kooperative Zusammenarbeit, und die Eltern ihrerseits möchten womöglich in ihr eine Respektsperson sehen können.

Alle diese Erwartungen lassen sich nicht immer miteinander in Einklang bringen. Es liegt daher weitgehend an der Leiterin, an ihren Möglichkeiten, Interessen und eigenen Rollenvorstellungen, ob und wie sie auf die angetragenen Wünsche eingeht oder sie von sich weist und was sie ihrerseits von sich und den anderen Handlungspartnern erwartet. – Aus diesem Grund werden Kindergärten so unterschiedlich geführt.

Letztendlich kann die Kindergarten-Arbeit nur dann positiv verlaufen, wenn einerseits die Leistungsaufgaben allgemein bekannt sind und wenn andererseits die Leiterin sich in den Entwicklungsprozeß des Teams hineinbegibt. Dies soll in folgendem ausgeführt werden.

Ziel ist, zu einer integrierten und kooperativen Leitungsform im Kindergarten zu ermutigen.

Allerweltsfunktionen

Auf die Frage, was eine Kindergarten-Leiterin im einzelnen alles zu tun habe, geben aufgrund ihrer unterschiedlichen Erwartungen Eltern, Kinder, Träger oder die Leiterin selbst recht verschiedene Antworten, z. B.: „Die sitzt doch immer bloß im Büro!", „sie kontrolliert die Erzieher", „sie telefoniert und spricht mit allen", „läuft ständig im Kindergarten herum". Alle diese Antworten zeigen eine recht einseitige und zudem ungenaue Vorstellung von den tatsächlichen Funktionen einer Kindergarten-Leiterin. Doch auch diese selbst fragt sich häufig, wozu sie eigentlich da sei. Auf originelle Weise hat eine Kindertagesstätten-Leiterin das zugrundeliegende Problem folgendermaßen beschrieben:

Heute spielen wir mal im Kindergarten das Spiel „Was bin ich".

A: Was machen Sie so den ganzen Tag?

B: Ich repariere Toiletten, Türen, Schlösser, Schubladen, Fensterbänke usw. Ich kümmere mich darum, daß die Mülleimer geleert werden, der Rasen gemäht wird, die Rolläden gerade hängen, das Freigelände aufgeräumt wird usw.

A: HAUSMEISTER !!!

B: (schallendes Gelächter) Nein.

A: Was noch?

B: Ich telefoniere den lieben langen Tag und gebe Telefonate weiter.

A: TELEFONISTIN !!!

B: (lautes Lachen) Nein.

A: Was noch?

B: Ich wühle in Akten herum, fülle Formulare aus, führe Gespräche mit Oberamtsmännern, Finanzberatern usw.

A: VERWALTUNGSMENSCH !!

B: (Lachen) Nein.

A: Was noch?

B: Ich erledige die Post, schreibe Protokolle, verteile Informationen und Briefe.

A: SEKRETÄRIN !

B: (Lächeln) Nein.

A: Was noch?

B: Ich beantworte am Tag tausend Kinderfragen, genauso viele Erwachsenenfragen, gebe Auskunft, erteile Erlaubnisse, gebe viel Geld aus, genehmige dies und jenes (oder auch nicht), organisiere Feste jeder Art, kläre Unklarheiten, stelle TOPs (Tagesordnungspunkte) auf usw.

A: MANAGER!

B: (Kopfschütteln) Nein.

A: Noch was?

B: Ja, kleiner Tip, ich arbeite im Kindergarten und springe ein, wo gerade jemand fehlt.

A: SPRINGKRAFT!

B: (traurig) Nein, auch nicht.

A: Noch was???

B: Ich führe Teamgespräche, Fallbesprechungen, Programmplanung mit den Erziehern durch und rede mit den Eltern.

A: SOZIALPÄDAGOGIN?
B: (bedrückt) Hm.

In dem vorstehenden fiktiven Dialog kommt auf selbstironische Art zum Ausdruck, daß die Leiterin sich als „Mädchen für alles" definiert; daß sie täglich mit verschiedensten Tätigkeiten beschäftigt ist, die die anderen nicht tun wollen oder nicht tun können, sei es, daß einer etwas vergißt oder liegenläßt, sei es, daß etwas übersehen oder als unausführbar angesehen wird; immer ist die Leiterin die Instanz, an der alles schließlich hängenbleibt.

Das konkrete Aufgabengebiet der Leiterin ist der gesamte Kindergarten und nicht nur eine einzelne Gruppe wie bei den übrigen Mitarbeitern. Dennoch ist hier zu fragen, ob die Leiterin die an sich notwendigen Funktionen überhaupt selbst ausführen müßte.

Da die Leiterin – zumindest in größeren Einrichtungen – nicht in die Gruppenarbeit eingespannt wird, ist sie dort frei, wo die anderen gebunden sind. Sie hat den Überblick und kann dann einspringen, wenn Hilfe benötigt wird; d.h. sie tut im Grunde alles, und für Außenstehende ist es häufig scheinbar nichts.

Solche Allerweltsfunktionen haben es an sich, daß sie einerseits unbedingt notwendig sind, um den Betrieb in Gang zu halten, daß sie andererseits als nicht vorhanden übersehen oder im Hinblick auf den Ausführenden mit Abwertung verbunden sind. Daß daher eine Kindergarten-Leiterin, die diese Funktionen übernimmt, häufig abends nicht weiß, was sie den Tag über getan hat, oder – wie im vorliegenden Fall – resigniert feststellt, wozu sie als sozialpädagogische Fachkraft eigentlich ausgebildet wird, ist daher verständlich.

Sie kann natürlich dadurch, daß sie praktisch überall einsetzbar ist, in Notsituationen sofort einspringen, ohne Umstände von den Gruppenerziehern um Unterstützung gebeten werden und für alle verbindender Informations- und Kommunikationspartner sein. Doch was wäre die Folge solchen Verhaltens? Die übrigen Mitarbeiter könnten sich mit Recht auf ihre Gruppenarbeit zurückziehen, sie bräuchten sich ja nicht für den gesamten Betrieb zu engagieren und sie könnten sich die Kooperation untereinander sparen, da die Leiterin ihnen ja diese übergreifenden Aufgaben abnimmt. Dieses Rückzugsverhalten der Gruppenerzieher stände jedoch im Gegensatz zu einer wünschenswerten Teamarbeit im Kindergarten.

► *Möglichkeiten*

Allerweltsfunktionen sind nun einmal im Kindergarten vorhanden und müssen ausgeführt werden.

Anders als im vorstehenden Beispiel sollte die Leiterin jedoch ihre Aufgabe darin sehen, nicht einfach diese Funktionen für sich zu akzeptieren und zu übernehmen (dabei aber unzufrieden zu sein), sondern sie müßte langfristig die Mitarbeiter dafür gewinnen, daß von allen in gemeinsamer Absprache diese notwendigen gruppenübergreifenden Aufgaben ausgeführt werden. Freilich wäre bei der Verteilung zu beachten, daß dabei keiner überlastet wird.

Durch die Aufteilung der Allerweltsfunktionen würde mehr Flexibilität und Kooperation erreicht. Denn die Erzieher müßten über ihre Gruppenarbeit hinaus einen Blick auf die gesamte Einrichtung haben und sich mehr untereinander verständigen (z. B. bei einer verstopften Toilette selbst handeln).

Zugleich könnte mehr Zufriedenheit entstehen: sowohl auf seiten der Leiterin, die dann nicht mehr als „Ober-Leitung" fungieren müßte, sondern stattdessen ihre Rolle als Teammitglied intensiver wahrnehmen könnte, als auch auf seiten der Gruppenerzieher, die dann in ihrer Rolle als Mitarbeiter wirklich ernstgenommen würden.

Mit dieser Funktionsverteilung würde die Leiterin jedoch nicht überflüssig. Vielmehr könnte sie sich dann intensiver ihren spezifischen Aufgaben widmen; aufgrund der vermehrt entstehenden Zusammenarbeit könnte dann außerdem das, was die Leiterin faktisch tut, durchschaubarer und für alle praktikabel werden.

Aufgrund des ausgeführten Beispiels ergibt sich auch die Frage nach der Qualifikation einer Kindergarten-Leiterin. Sollte sie Sozialpädagogin sein? Oder wären praktische Erfahrungen als Erzieher nicht wesentlich vorteilhafter? – Sicherlich bietet das Studium der Sozialpädagogik ein breiteres Fundament als die Erzieherausbildung, um Zusammenhänge (vor allem pädagogischer, psychologischer und politischer Natur) zu erkennen und für den Kindergarten fruchtbar zu machen. Damit jedoch ist nicht erwiesen, daß eine erfahrene Gruppenerzieherin mit Reflexionsvermögen und individuellen Fortbildungswillen nicht genauso gut die Stelle der Leiterin übernehmen könnte.

Entscheidend ist, wie die wichtigsten Leitungsfunktionen wahrgenommen werden, d.h., ob genügend Kenntnisse und Fähigkeiten im Umgang mit Erwachsenen (Eltern, Mitarbeiter, Träger), mit schwierigen Gesprächssituationen und speziell in bezug auf die Mitarbeiterführung vorhanden sind.

▶ *Fazit*

Allerweltsfunktionen im Kindergarten sind notwendig, denn sie halten den Betrieb aufrecht. Sie sind jedoch nicht allein von der Leiterin auszuführen. Vielmehr sollte diese allmählich die Mitarbeiter dazu bringen, daß sich alle für gruppenübergreifende Aufgaben mitverantwortlich fühlen. Die Folge wäre dann mehr Flexibilität, Kooperation und Zufriedenheit im Kindergarten.

▶ *Was meinen Sie?*

- Wie würden Sie die Bedeutung von Allerweltsfunktionen im Kindergarten einschätzen und verteilen?
- Welche negativen Auswirkungen könnten sich ergeben,

wenn diese Funktionen von der Leiterin allein ausgeführt würden?
- Unter welchen Bedingungen könnten Allerweltsfunktionen im Kindergarten optimal wahrgenommen werden?

Wozu die freigestellte Leitungskraft

In einem Kindergarten mit drei und mehr Gruppen hat die Leiterin in der Regel keine eigene Kindergruppe zu betreuen. Begründet wird die Freistellung damit, daß sie die vorhandenen Leitungsaufgaben (sowohl pädagogischer wie organisatorischer Art) wahrzunehmen habe. Ob diese Funktionsbestimmung wirklich stimmt und sinnvoll ist, soll anhand des folgenden Beispiels geklärt werden.

Der Träger eines evangelischen Kindergartens wollte die bisher freigestellte Leiterin wieder in der Gruppenarbeit einsetzen. Grund war die Reduzierung des Kindergartens von vier auf drei Gruppen aufgrund zurückgegangener Nachfrage. Die Leiterin wollte diese Aufforderung nicht widerspruchslos hinnehmen, da sie ihrer Meinung nach trotz Reduzierung voll ausgelastet war. Sie listete deshalb eine Woche lang alle von ihr ausgeführten Tätigkeiten auf. Dabei wählte sie bewußt eine ganz alltägliche Woche ohne besondere Höhepunkte aus. Sie wollte damit den Umfang ihres Aufgabengebiets feststellen und den Träger von ihrer weiteren Freistellung überzeugen. Doch vergeblich: Sie mußte künftig morgens zusammen mit einer Praktikantin eine Kindergruppe führen.

Der entstandene Aufgabenkatalog sah folgendermaßen aus:

Montag:

- nächsten Elternbrief mit den Erziehern besprochen
- methodische Übungen der Praktikanten organisiert
- mit jeder Erzieherin über aktuelle Probleme geredet
- Mutter angesprochen, die Zeitungspapier besorgen kann
- Elternbrief getippt

- Anruf einer Mutter, ihr Sohn habe Mumps; Gruppenerzieherin benachrichtigt
- Hausmeister benachrichtet, damit er Elternbrief vervielfältigt
- abgezogenen Elternbrief für die Gruppen gerichtet
- Filmbildstellen angerufen wegen Films „Kind und Strafe" für Elterngesprächskreis
- Erzieherin bringt Kind, das in die Hose gemacht hat: Kind Hose gewechselt und getröstet
- mit Kind zusammen Turnschuhe gesucht
- mit Mutter über ihre Schwierigkeiten mit der Tochter gesprochen
- Winter- und Faschingslieder zusammengestellt, für Eltern
- Nachfrage einer Mutter wegen Fotos vom Nikolausfest beantwortet
- Leitung der Spielgruppe mit Schulanfängern
- Nachzahlung eines Kindergartenbeitrags quittiert

Dienstag:

- Gruppe einer Erzieherin übernommen, die an Fortbildung teilnimmt; für nachmittags Kinder auf andere Gruppen verteilt
- Anmeldungsgespräch mit Mutter und Kind geführt
- Gestaltungsmittel bestellt
- Hausmeister aufgesucht wegen Reparatur des defekten Mobiliars Mülleimer geleert
- Karteikarten der Kinder überprüft bzw. erneuert
- Erzieherin beim Kuchenbacken mit der Gruppe geholfen

Mittwoch:

- kurz mit allen Gruppenerziehern gesprochen
- mit Müttern, die ihre Kinder bringen, geredet
- Mütter gesucht, die Gruppen beim Zoo-Besuch begleiten
- Dienstgespräch mit Pfarrer
- bei Beschäftigungen der Praktikanten hospitiert
- Putzmittel überprüft, Bestellung aufgegeben
- Mitarbeiterbesprechung

Donnerstag:

- Tee für Kinder gekocht, kurz mit Gruppenerziehern geredet
- mit Erzieherin wegen neuer Raumaufteilung diskutiert
- telefonische Krankmeldung einer Praktikantin: Gruppener-

zieherin informiert, gemeinsam Organisation in der Gruppe überlegt
- Gang zur Sparkasse, Kontoauszüge hinsichtlich eingegangener Kindergartenbeiträge überprüft
- bei der Beschäftigung einer Praktikantin hospitiert, Nachbesprechung gemacht
- mit Mutter bezüglich Schulanmeldung ihres Kindes gesprochen
- Beobachtung eines Kindes mit besonderen Schwierigkeiten in der Gruppe durchgeführt, mit Erzieherin über pädagogische Hilfestellung gesprochen
- mit verschiedenen Busunternehmen wegen Fahrt zum Zoo telefonisch verhandelt
- Kind mit starken Ohrenschmerzen auf die Couch gelegt, Mutter verständigt, in der Zwischenzeit mit Kind Bilderbuch angesehen
- Bilder- und Fachbuch-Kartei angelegt

Freitag:

- Elternfreibeträge beim Jugendamt beantragt
- Läuse in einer Gruppe festgestellt; Eltern per Aushang informiert, Aufklärungsschriften vom Gesundheitsamt verteilt
- Erzieherin nach Turnstunde beim Anziehen der kleineren Kinder geholfen
- mit Elternbeiratsvorsitzenden bezüglich Gesprächstermin telefoniert
- telefonische Einladung des Grundschullehrers in die Mitarbeiterbesprechung wegen Einschulung der Kindergartenkinder
- beim Schulkindergarten angerufen, wegen Übernahme zurückgestellter Kinder nachgefragt
- Einzelbetreuung eines Ausländerkindes mit erheblichen Sprachschwierigkeiten
- Beim Gesundheitsamt wegen Röntgentermin für Kindergartenpersonal angerufen
- mit Putzfrau notwendige Arbeiten besprochen
- mit Mutter über schulzahnärztliche Untersuchung geredet
- dringend benötigte Materialien eingekauft

Anhand dieses Aufgabenkatalogs wird die vielfältige Tätigkeit der Leiterin erkennbar. Nicht deutlich dagegen wird der jeweils erforderliche Zeitaufwand. Beispielsweise dürfte am Donnerstag das Gespräch mit der Erzieherin über ein schwieriges Kind mehr Zeit in Anspruch genommen haben als die Nachfrage bei verschiedenen Busunternehmen. Nicht erwähnt sind auch die Aufgaben im Zusammenhang mit der Aktenführung, der allgemeinen Korrespondenz sowie der Fest- und Feiergestaltung.

Vermutlich handelte es sich um einen ziemlich traditionell geführten Kindergarten. Denn es werden zwar eine Dienstbesprechung, verschiedene Einzelgespräche mit Erziehern und das Dienstgespräch mit dem Pfarrer genannt. Nicht erwähnt werden dagegen irgendwelche Aktivitäten im Hinblick auf Teamarbeit. Insofern sind recht hierarchische Arbeitsverhältnisse anzunehmen, die den Versuch der Leiterin um eine weitere Freistellung erschwert haben dürften.

Die Tatsache, daß die Leiterin mit ihrem Aufgabenkatalog ihren Träger, den Pfarrer, nicht umstimmen konnte, hängt wahrscheinlich auch mit der fehlenden Systematisierung und Begründung ihrer aufgelisteten Funktionen zusammen. Denn die Bedeutung einer bestimmten Funktion im Kindergarten kann ohne vorgegebenen konzeptionellen Rahmen nicht ohne weiteres beurteilt werden. Außerdem ist bei diesen aufgelisteten Aufgaben zu fragen, ob die Leiterin tatsächlich selbst alle Aufgaben übernehmen sollte.

► *Möglichkeiten*

Obwohl der Versuch der Leiterin hinsichtlich ihrer weiteren Freistellung ohne Erfolg blieb, ist dennoch der gewählte Ansatz, die Legitimation der freigestellten Leiterin mit Hilfe einer Aufgabenbeschreibung darzustellen, für ähnliche Situationen praktikabel. Freilich müßte anschließend dann eine Zusammenfassung und Zuordnung der Tätigkeiten z. B. nach den folgenden Bereichen erfolgen:

Der erste Aufgabenbereich betrifft die Kinder. Die Leiterin trägt durch spontane Hilfe bei anfallenden Problemen mit einzelnen Kindern, durch zeitlich begrenzte Übernahme einer Kindergruppe oder durch Mithilfe bei bestimmten Gruppenaktivitäten zu einem reibungslosen Funktionieren der Kindergartenarbeit bei.

Ein zweiter Aufgabenbereich besteht in der Zusammenarbeit mit den Mitarbeitern. Die Leiterin unterstützt deren Arbeit, z.B. durch pädagogische Gespräche, in denen sie die Mitarbeiter bei Problemen im Umgang mit einzelnen Kindern und Eltern oder bei Schwierigkeiten bei der Umsetzung bestimmter Erziehungsvorstellungen berät. Auch an der Planungsarbeit im Team sowie an der Gestaltung von Festen beteiligt sie sich, indem sie z.B. Anregungen gibt, bei der Vorbereitung hilft und übergreifende Programmpunkte organisiert. Darüber hinaus übernimmt sie häufig die Praktikanten-Anleitung.

Ein dritter Aufgabenbereich ist die allgemeine Arbeit mit den Eltern. Sie umfaßt informierende und beratende Gespräche, Abfassen von Elternbriefen, Teilnahme und Mitgestaltung bei Gesamt- und Gruppenelternabenden, Zusammenarbeit mit dem Elternbeirat und Leitung bestimmter Elterngruppen.

Einen weiteren Aufgabenbereich stellt die Zusammenarbeit mit dem Träger dar. Sie verlangt regelmäßige Kontakte; d.h. Gespräche über Anschaffungen, über personelle und organisatorische Veränderungen, Absprachen über einzelne Aufgaben des Trägers im Kindergarten (wie z.B. Begrüßung der neuen Kinder zu Beginn des Kindergartenjahres, Kommunikation mit dem Elternbeirat) sowie über Kooperationsmöglichkeiten des Kindergartens in der Gemeinde usw.

Ein fünfter Aufgabenbereich liegt im Austausch und in der Zusammenarbeit mit anderen pädagogischen Institutionen wie Grundschule, Schulkindergarten, Erziehungsberatungsstelle, Kindererholung usw.

Schließlich ist als sechster Aufgabenbereich der Kontakt zu Behörden zu nennen. Um einzelnen Familien beispielsweise wirksam zu finanzieller oder therapeutischer Unterstützung zu verhelfen, müssen Telefonate, Gespräche, Schriftwechsel mit dem Jugend- und Sozialamt geführt werden; bei Ansteckungsgefahr im Kindergarten muß das Gesundheitsamt benachrichtigt werden usw.

Aus dieser vorstehenden Aufstellung wird ersichtlich, daß dieses umfassende Tätigkeitsfeld einer Kindergarten-Leiterin nicht ohne weiteres von den Gruppenerziehern zusätzlich zur Betreuung einer Kindergruppe wahrgenommen werden kann. Andernfalls dürfte ein Großteil der Leitungsaufgaben halb oder unerledigt liegenbleiben oder die betreffende Person wäre aufgrund dauernder Überbelastung nach kurzer Zeit nicht mehr voll leistungsfähig. Gerade um dies zu vermeiden, ist normalerweise die Kindergarten-Leiterin von der regelmäßigen Gruppenarbeit freigestellt.

Betrachtet man allerdings die einzelnen Aufgabenbereiche genauer, so wird deutlich, daß im Grunde jeder Gruppenerzieher mit Berufserfahrung die verschiedenen Leitungsaufgaben übernehmen könnte, wenn er die entsprechende Zeit zur Verfügung hätte. Doch wozu wäre dann noch die freigestellte Leiterin notwendig, bzw. wäre überhaupt noch eine Kindergarten-Leiterin notwendig?

Die Antwort dürfte gar nicht so schwerfallen: Im Interesse einer aktiven Teamarbeit wäre eine gewisse Umverteilung und Umstrukturierung von Kindergartenaufgaben sinnvoll. Durch die dabei zu erreichende Entlastung der Leiterin würde diese frei, um eben diese Teamarbeit aufzubauen, weiter zu entwickeln und auf diese Weise den Kindergarten zu leiten. Freilich müßte sie sich für diese spezielle Leitungsaufgabe zunächst qualifizieren können. Denn dadurch erst würde sie sich von den Gruppenerziehern unterscheiden, die in ihrer sozialpädagogischen Grundausbildung dazu kaum auch noch zu befähigen sind.

► *Fazit*

Für alle Beteiligten im Kindergarten ist es sinnvoll, wenn die Leiterin von der normalen Gruppenarbeit freigestellt wird, damit sie gruppenübergreifende Aufgaben übernehmen und vor allem die Entwicklung von Teamarbeit voranbringen kann. Allerdings müßten auch entsprechende Qualifikationsmöglichkeiten in Form von Fortbildungskursen oder Zusatz- bzw. Aufbau-Ausbildungen geschaffen werden. Erst dann kann von den entsprechenden Entscheidungsträgern eine qualitativ gute Leitungsarbeit erwartet werden.

► *Was meinen Sie?*

- Wie würden Sie die Tätigkeit einer Kindergarten-Leiterin strukturieren?
- Welche Möglichkeiten sehen Sie, die Leitungsfunktionen im Kindergarten anders zu verteilen?
- Welche der beschriebenen Funktionen könnte am ehesten von der Kindergarten-Leiterin abgegeben werden?
- Wie müßte Ihrer Meinung nach die Ausbildung einer Zusatzqualifikation für Kindergarten-Leiterinnen aussehen?

Spezifische Leitungsfunktionen

Im Kindergarten gibt es verschiedene gruppenübergreifende bzw. gruppenunabhängige Aufgabenbereiche, die in der Regel von der Leiterin wahrgenommen werden. Innerhalb dieser Bereiche kommen jeweils verschiedene Funktionen zum Tragen, deren Ausführung einer subjektiven Einschätzung unterliegt, die von Außenstehenden nicht immer geteilt wird.

In einem Kindergarten in O. hatte ein Sommerfest stattgefunden. Zuvor war in einer Dienstbesprechung gemeinsam geplant worden. Die Leiterin erklärte sich zuständig für die Vorbereitungsaufgaben wie Einkaufen, Besorgen von Tischen, Stühlen, Rasen mähen. Jede Gruppenerzieherin hatte einen bestimmten Aufgabenbereich übernommen (z.B. Waffelbude, Laufspiele, Musikbegleitung), und alle wollten einen Blick auf das Ganze haben.

Am Fest gab es einen kleinen Zwischenfall: Eine Mutter kam und beschwerte sich bei der Leiterin, die Gruppenerzieherin ihres Sohnes würde diesen ständig zurücksetzen, weil sie ihm verbiete, nach seinem eigenen Willen öfters beim Wurstschnappen und Luftballon-Knallen mitzumachen. Außerdem würde die Erzieherin nicht auf ihren Protest eingehen. Die Mutter war erregt, sie sah ihr eigenes Erziehungskonzept gefährdet, der Junge weinte, die übrigen Fest-Besucher wurden aufmerksam.

Frau S., die Leiterin, nahm die aufgebrachte Mutter beiseite und versuchte zu klären, was genau der Anlaß für den Ärger der Mutter war. Dabei entspann sich eine längere Diskussion über das „Ausleben-lassen kindlicher Bedürfnisse" im Gegensatz zum „Grenzen-setzen in Gemeinschaft". Die Mutter sah allmählich ein, daß ihr Sohn sich in der Kindergarten-Gruppe vieles mit anderen teilen mußte, was er daheim allein für sich beanspruchen konnte.

Dann sprach die Mutter ein für sie unangenehmes Problem an: Ihr Sohn näßte nachts immer noch ein, sie wäre bereits bei mehreren Ärzten gewesen und nun wüßte sie nicht mehr weiter. Frau S. hörte zu, gab der Mutter dann aber zu verstehen, daß sie zur Erörterung dieses komplexen Problems doch bitte in ihre Sprechstunde kommen möge. Die Mutter nickte und ging. Frau S. widmete sich wieder dem Sommerfest.

In der nächsten Dienstbesprechung berichtete die Leiterin bei der Nachbesprechung des Festes über den Zwischenfall. Sie zeigte sich verärgert darüber, daß sie von der Gruppenerzieherin über deren Auseinandersetzung mit der Mutter nichts erfahren hatte, und überhaupt war sie nicht genügend unterrichtet gewesen, was bei den einzelnen Erziehern gelaufen war, so daß sie Eltern, Kindern und sonstigen Besuchern keine genauen Auskünfte geben konnte.

Die Erzieher waren über die Verärgerung der Leiterin überrascht. Für sie war aufgrund der vorausgegangenen Planung und Aufgabenverteilung die Durchführung des Sommerfestes klar organisiert gewesen. Vor allem die kritisierte Gruppenerzieherin sah keinen Grund, warum sie die Leiterin hätte über die Unstimmigkeiten mit der Mutter informieren sollen; sie empfand umgekehrt das Verhalten der Leiterin als Einmischung und lehnte sie nachträglich ab.

Frau S. meinte, sie als Leiterin habe die Verantwortung für alles, was im Kindergarten passiere. Die Erzieher dagegen vertraten den Standpunkt, selbstverantwortlich ihre übernommenen Aufgaben ausführen zu können. Sie versuchten der Leiterin verständlich zu machen, daß diese ihre Leitungsrolle an dieser Stelle überstrapaziert habe und daß sie als Erzieher keine Oberaufsicht bräuchten, sondern an der Verantwortung für den Kindergarten beteiligt werden wollten.

Als die Leiterin daraufhin etwas kleinlaut zurückfragte, was sie denn dann eigentlich noch in der Einrichtung zu tun habe, entspann sich ein lebhaftes Gespräch über entsprechende Leitungsfunktionen und wie sie wahrgenommen werden könnten.

In dem beschriebenen Beispiel nimmt eine Kindergarten-Leiterin ihre vermeintlichen Aufgaben bei einem Sommerfest wahr, sie ärgert sich über die fehlende Information durch die Erzieher und wird hinterher von diesen für ihr Verhalten kritisiert.

Es zeigten sich vor allem vier verschiedene Leitungsfunktionen, die jedoch in der Art ihrer Ausführung jeweils Anlaß zur Kritik boten.

Eine der wichtigsten Leitungsfunktionen war das Organisieren: Bei dem Sommerfest, das von allen Mitarbeitern getragen wurde, fühlte sich die Leiterin über Gebühr zuständig und wollte über alles informiert sein. Die Erzieher ihrerseits hatten sich an der Organisation des Festes durch Übernahme von Aufgaben beteiligt, fühlten sich verantwortlich und verstanden den Führungsanspruch der Leiterin nicht. Die Neudefinition von Leitungsfunktionen am Schluß des Beispiels zeigt, daß diese nicht abgelehnt werden, sondern deren konkrete Ausführung auf gemeinsamer Absprache beruhen sollte.

Im Zusammenhang mit dem Organisieren ergab sich eine weitere Leitungsfunktion, das Delegieren, die Abgabe von Aufgaben: Auf dem Sommerfest hatten die Erzieher jeweils bestimmte Aufgaben übernommen und führten diese selbstverantwortlich so durch, daß das Fest klappte. Die Leiterin allerdings meinte, trotz Delegation der Aufgaben an die Erzieher über alles informiert sein zu müssen; d. h., sie wollte im Grunde alle Fäden in der Hand behalten, was allerdings aufgrund der bisherigen Zusammenarbeit von den Erziehern nicht akzeptiert wurde. Denn das Kernstück beim Delegieren ist, daß zusammen mit der Abgabe einer bestimmten Aufgabe auch die Verantwortung dafür abgegeben bzw. geteilt werden muß. Sonst besteht die Gefahr einer angepaßten, unkritischen Übernahme der jeweiligen Aufgabe. Erfreulicherweise verwehrten sich die Erzieher hier gegen eine solche Zuweisung von seiten der Leiterin.

Im angeführten Beispiel wurde eine dritte Leitungsfunktion, das Klären sichtbar, und zwar an der Stelle, als die Mutter, die Differenzen mit der Gruppenerzieherin ihres Sohnes hatte, zur Leiterin kam, um von ihr Hilfe bei der Lösung ihres Problems zu bekommen. Hier wird die Leiterin zur Anlaufstelle für ein Problem, das sie nur indirekt betrifft. Die Mutter war mit dem Verhalten der Erzieherin nicht einverstanden, weil es ihren eigenen Vorstellungen nicht entsprach und sie selbst andere Erwartungen hatte. Die Mutter bereinigte die Angelegenheit nun nicht direkt mit der betreffenden Erzieherin, sondern sie ging zur Leiterin. Damit signalisierte sie ein Rollendenken, daß die Kindergarten-Leiterin als übergeordnete Autorität und die Erzieherin als ausführendes Organ versteht. Die Leiterin ging auf die Erwartungen der Mutter ein und signalisierte damit ein ähnliches Rollendenken. Sie klärte also nicht das Problem, sondern sie half im Grunde der Mutter, ihren Konflikt mit der Erzieherin zu umgehen. Verständlicherweise lehnte diese das Verhalten der Leiterin als Einmischung ab.

Die vierte Leitungsfunktion, die in diesem Beispiel deutlich wurde, ist das Beraten: Bei dem Zwischenfall wollte die Mutter von der Leiterin einen Rat bezüglich des Einnässens ihres Sohnes. Die Leiterin ging vermutlich aufgrund der ungünstigen Situation auf dem Sommerfest nicht im einzelnen auf das Problem der Mutter ein; sie hörte zwar zu und zeigte auch Verständnis, bat aber die Mutter dann in ihre Sprechstunde. Wahrscheinlich wird der Mutter ein erneuter Vorstoß bei der Leiterin schwerfallen. Denn diese bekundete relativ wenig Interesse am Problem der Mutter. Sicherlich wurde nicht der geeignetste Zeitpunkt für die Ratsuche der Mutter und der richtige Ansprechpartner, der ihr Kind kennt, gewählt. Dennoch hat die Mutter ein Anrecht auf Beratung im Kindergarten, bei der sie Anstöße und Handlungsalternativen für ihr Problem, aber auch persönliche Teilnahme und die subjektive Meinung ihres Beraters erfahren können sollte. Der Grund dafür liegt in der familienergänzenden Erziehungsaufgabe des Kindergartens.

Betrachtet man alle vier dargestellten Leitungsfunktionen genauer, so fällt wiederum auf, daß sie nicht unbedingt von der Leiterin auszuführen gewesen wären. Alle anderen Kolleginnen, und insbesondere die betroffene Gruppenerzieherin hätten wahrscheinlich genauso organisieren, delegieren, klären und beraten können, vor allem dann, wenn Teamarbeit versucht wird.

Auch dann, wenn die Erzieher am Sommerfest die verschiedenen Leitungsfunktionen übernommen hätten, wäre die Leiterin nicht arbeitslos geworden. Denn dadurch, daß sie für Leitungsaufgaben eingestellt und von der Gruppenarbeit freigestellt war, ergab sich für sie ein anders strukturiertes Betätigungsfeld als für die Erzieher, das durch konzentrierte und kombinierte Ausführung von Leitungsfunktionen gekennzeichnet ist; d.h. nicht das konkrete pädagogische Handeln mit den Kindern steht bei der Leiterin im Vordergrund, sondern primär der Austausch zwischen den Erwachsenen.

▶ *Möglichkeiten*

Unabhängig von der Tatsache, daß im Kindergarten verschiedene Rollen und Funktionen existieren, ist dort eine Leitung notwendig. „Leitung" meint hier allgemein die Kraft bzw. die Kräfte, die ohne zu dominieren eine eindeutige Richtung verfolgen, soweit wie möglich die Interessen und Bedürfnisse der Betroffenen im Hinblick auf den spezifischen Erziehungsauftrag des Kindergartens berücksichtigen und partnerschaftliches Zusammenwirken aller Beteiligten als Grundlage für eigene Entscheidungsprozesse betrachten.

Die Leitung kann vor allem aufgrund von vier Funktionen ausgeübt werden, die sich je nach Betätigungsfeld entweder primär auf die Kindergruppe oder auf den Kindergarten insgesamt richten.

- *1. Beraten: Die wohl am engsten mit der ausführenden Person verbundene Leitungsfunktion ist das Beraten. Das bedeutet hier: Anderen in der Einrichtung zur Verfügung stehen, Bereitschaft zeigen, auf Anfrage hin die eigene Meinung, Beobachtung und Toleranz gegenüber dem Anderssein des anderen ins Spiel zu bringen. Beraten heißt daher: Zuhören, Denkanstöße geben, gezielt Nachfragen, persönliche Betroffenheit und Verständnis für menschlich Unzulängliches signalisieren, Alternativen aufzeigen, Zuversicht in eigenes Können und Wollen vermitteln und zu neuen Aktivitäten ermutigen.*

  Beraten heißt aber auch, aus einer fachlichen Kompetenz heraus Hinweise und Informationen zu verschiedenen pädagogischen Aufgaben, Problemen, Möglichkeiten zu geben.

Beraten bedeutet daher nicht Weitergabe von guten Ratschlägen und Belehrungen, sondern heißt Offenheit zeigen, die Probleme des anderen mit dessen Augen zu sehen und ihn zu selbstverantwortlichem Handeln zu ermuntern.

- *2. Klären: Es steht meist im Zusammenhang mit dem Beraten. Denn Rat wird oft in Problemsituationen gesucht, d. h. dann, wenn die von verschiedenen Seiten geäußerten Erwartungen vom einzelnen nicht mehr in Einklang gebracht werden können, wenn sich verschiedene Rollenüberschneidungen ergeben oder unterschiedliche Interessen sich gegenseitig widersprechen, so daß bestimmte Reibungspunkte entstehen.*

Anders als im dargestellten Beispiel hat die klärende Aufgabe der Leiterin darin zu bestehen, Eltern an die zuständige Erzieherin zu verweisen. Deren Aufgabe wiederum ist, mit den Betreffenden unterschiedliche Erwartungen und Vorstellungen zu klären, zu erörtern, was vielleicht von ihnen bezüglich der Gruppenarbeit anders, als gemeint, verstanden wurde, was unter Umständen ihr eigentliches Anliegen ist (hier das Bettnässen des Sohnes) und auf welche Weise sie im Interesse des Kindes zusammenarbeiten könnten.

Bei solchen Auseinandersetzungen ist eine wohlwollende Einstellung aller Beteiligten wichtig. Außerdem müßte jeder versuchen, sich in seinen Beiträgen auf die des Gesprächspartners zu beziehen und dessen Grenzen zu akzeptieren. Werden dagegen Meinungsverschiedenheiten nicht ausgetragen, kann es zu größeren Unstimmigkeiten kommen, die sich dann meist zu Lasten der betroffenen Kinder auswirken.

Klären ist also für ein lebendiges Miteinander im Kindergarten entscheidend.

- *3. Organisieren: Dazu sind Überblick, Kontakt zu allen Personen in der Einrichtung und persönliche Verfügbarkeit notwendig. Nach gemeinsamer Absprache kann derjenige, der die besten Möglichkeiten jeweils hat, z. B. Material besorgen, Termine absprechen, Aktivitäten mit den Kindern vorbereiten, Treffen mit Eltern, Kollegen, Träger arrangieren, behördliche Kontakte wahrnehmen, Dienstbesprechungen und besondere Mitarbeitergespräche vorüberlegen, für einen El-*

ternabend Unterlagen oder Getränke besorgen und vieles andere mehr.

Auf diese Weise werden die übrigen Mitarbeiter entlastet, und dennoch sind sie am Kindergarten-Geschehen beteiligt. Das heißt, das Organisieren ist dazu da, den Kindergarten-Betrieb funktionsfähig zu halten und dabei die einzelnen Mitarbeiter nicht zu überlasten.

- *4. Delegieren: Die Fülle von Aufgaben, Erwartungen und Wünschen, die auf die Kindergarten-Leitung zukommt, verlangt häufig, einige der anfallenden Aufgaben auf die übrigen Erzieher zu verteilen oder an Außenstehende weiterzugeben. Wie im angeführten Beispiel deutlich wurde, besteht das Kernproblem bei der Aufgabenverteilung darin, zusammen mit der Aufgabe auch die Verantwortung dafür zu übergeben bzw. zu teilen.*

Vielfach ist diese Art von Delegation aufgrund der hierarchischen Organisationsstruktur im Kindergarten oder aufgrund der beteiligten Personen nicht möglich. Die Folge sind dann meist Schwierigkeiten wegen der erwarteten oder praktizierten Über- oder Unterordnung. In solchen Fällen herrscht die Vorstellung, daß nur einer an der Spitze stehen kann und nur dieser wirklich weiß, was richtigerweise zu tun und zu lassen ist, während alle übrigen dazu angeblich nicht in der Lage sind.

Mit dieser Einstellung jedoch wird im Kindergarten jede Art von Teamarbeit im Keim erstickt und alle hier beschriebenen Leitungsfunktionen wären nicht mehr durchführbar. Denn Leiten und Sich-leiten-lassen setzen Vertrauen in den anderen und die Bereitschaft voraus, sich über auftretende Schwierigkeiten miteinander zu verständigen.

Leider bleiben die spzeifischen Leitungsfunktionen heute noch viel zu oft an der Leiterin allein hängen, weil ihr vielleicht zu Recht von den Erziehern entsprechende Fähigkeiten zugetraut werden. Gerade wenn dies tatsächlich der Fall sein sollte, müßte es die Aufgabe der Leiterin sein, die Mitarbeiter mit in die Kindergarten-Leitung hineinzunehmen und sie dabei entsprechend zu unterstützen. Denn sonst bliebe Teamarbeit im Kindergarten eine Illusion.

Das heißt, es bedarf eines individuellen Lernprozesses der Mitarbeiter, bis Einsicht und Einstellung bezüglich der Leitungsfunktionen mit ihrem konkreten Handeln in entsprechenden Situationen übereinstimmen. Denn erst damit ist eine eindeutige Orientierung der Partner in bezug auf „Leitung" möglich. Demzufolge kann dann die Leiterin einerseits unbesorgt verschiedene Leitungsaufgaben delegieren und die Erzieher andrerseits können aufgrund dieses speziellen Lernprozesses die Leitungsfunktionen auch verantwortlich übernehmen.

▶ *Fazit*

Beraten, Klären, Organisieren und Delegieren sind spezifische Leitungsfunktionen, die einer aus dem Team wahrnimmt, weil er dazu Zeit und Energie hat und damit die anderen entlasten kann. Dies muß nicht immer die Leiterin sein. Freilich setzt die Durchführung solcher Funktionen kompetente Verhaltensweisen der Ausführenden voraus. Diese sollten möglichst von allen Erziehern im Kindergarten erworben werden, damit vor allem Teamarbeit praktiziert werden kann.

▶ *Was meinen Sie?*

- Wie verstehen Sie die hier beschriebenen Leitungsfunktionen im Kindergarten?
- Welche Gründe würden Sie zur eigenen Legitimation anführen, wenn Sie eine freigestellte Kindergarten-Leiterin wären?
- Wie würden Sie als Gruppenerzieher zu einer Verteilung von Leitungsaufgaben stehen?

Formen der Kindergarten-Leitung

Die gesamte Kindergartenarbeit wird durch die beschriebenen Leitungsfunktionen getragen. Ihre Realisierung muß jedoch nicht unbedingt nur von einer Person und in immer der gleichen Weise durchgeführt werden.

In einem Kindergarten in H. mit 5 Gruppen fiel die freigestellte Leiterin plötzlich für längere Zeit aufgrund eines Autounfalls aus. Der Träger stellte eine Sozialpädagogin als Vertretung ein.

Der Kindergarten-Betrieb lief nun nicht, wie gewünscht, reibungslos weiter. Es gab Konflikte zwischen den Erziehern und der Sozialpädagogin. Den einen war die Ersatzleiterin zu kompromißlos in ihrem Leitungsverhalten, weil sie z. B. auf wöchentlichen Dienstbesprechungen bestand, obwohl in diesem Kindergarten ein vierzehntägiger Turnus üblich war. Den anderen war die Sozialpädagogin nicht konsequent genug, da sie die Kinder morgens, entgegen sonstiger Gewohnheit, in der Eingangshalle spielen ließ.

Es kam zu einer offenen Aussprache im Team. Die Erzieher fanden, daß die Sozialpädagogin Unordnung in den Kindergarten-Alltag brächte; die Sozialpädagogin hingegen konnte sich nicht ohne weiteres von eigenen pädagogischen Zielvorstellungen lösen und stattdessen verschiedene der unausgesprochenen Normen im Kindergarten vertreten.

Nach einer längeren Klärungsphase wurde eine Lösung gefunden, der alle zustimmten: Eine Erzieherin, die schon einige Jahre in der Einrichtung tätig war, sollte am Vormittag die Aufgaben der Leiterin übernehmen; die Sozialpädagogin sollte die Gruppe der Erzieherin übernehmen. Am Nachmittag wollten jeweils zwei Erzieher in ihrer Gruppe Freispiel anbieten, zwei weitere wollten Einzelangebote mit Kleingruppen durchführen und die beiden übrigen wollten sonst anfallende Leitungsaufgaben erledigen. Dieser Dienstplan sollte täglich wechseln, damit jeder reihum an alle Aufgaben herankommen könnte und auch alle notwendigen Arbeiten erledigt würden.

Die Erzieherinnen und die Sozialpädagogin waren recht zufrieden mit ihrer Lösung. Es ergab sich, daß alle Mitarbeiter abends, nachdem die Kinder gegangen waren, noch kurz den

Tagesverlauf besprachen und den nächsten Tag planten. Dabei stellte sich bald eine bestimmte Aufgabenverteilung heraus: Neben ihrer Gruppenarbeit übernahm eine Erzieherin vollständig die Materialbesorgung, eine andere vertrat regelmäßig den Kindergarten nach außen, eine dritte erklärte sich generell zuständig für Elternanfragen, die vierte Erzieherin übernahm die interne Organisation im Kindergarten und die fünfte leitete die Praktikantinnen an. Dienstbesprechungen sollten allerdings weiterhin alle 14 Tage stattfinden.

Die Sozialpädagogin war mit dieser Lösung voll einverstanden. Sie war froh, sich in der Gruppenarbeit und dem Kindergarten-Alltag einleben und engagieren zu können.

Als die Kindergarten-Leiterin nach 8 Monaten genesen zurückkehrte, fand sie einen Kindergarten mit einer völlig anderen Struktur vor: Es gab keine Chefin mehr an der Spitze, die in allem die letzte Entscheidung traf, sondern jeder im Team war ein Stück weit an der Leitung beteiligt und hatte eigenverantwortlich einen begrenzten Aufgabenbereich außerhalb seiner Gruppenarbeit zu betreuen.

Es stellte sich nun im Team die Frage, wie es weitergehen sollte. Die Leiterin fühlte sich überflüssig, die Erzieher wollten aber auch nicht mehr zu der vergangenen Leitungsform zurück. Es wurde beschlossen, daß die Leiterin wie früher keine feste Gruppe leiten sollte, wohl aber, daß sie häufiger die einzelnen Erzieher vertreten sollte, damit diese wie in der letzten Zeit, auch gruppenübergreifende Aufgaben wahrnehmen konnten. Vor allem sollte die Leiterin mehr als früher ihre durchzuführenden Aufgaben mit den anderen besprechen und anstehende Entscheidungen nur noch zusammen mit dem Team treffen. Diese kooperative Leitungsform sollte ein halbes Jahr ausprobiert werden, dann wollten sie weitersehen.

In dem zuvor dargestellten Fall wird in einer Notsituation eine neue Leitungsform im Kindergarten erprobt und nachher in abgewandelter Form fortgesetzt.

Vor dem Unfall der Leiterin war der Kindergarten wie üblich strukturiert: fünf Gruppenerzieher und eine Leiterin, die alle übergreifenden pädagogischen und organisatorischen Aufgaben wahrnahm. Praktikanten wurden jeweils einer Gruppenerzieherin zugeteilt. Zusammengehalten war diese Struktur durch Dienstbesprechungen, die alle 14 Tage stattfanden. In dieser hierarchischen Leitungsform hatte die Leiterin die Rolle der Vorgesetzten, die lenkte, korrigierte und bestimmte.

Durch die pädagogischen Vorstellungen der vertretungsweise eingestellten Sozialpädagogin kam diese Organisationsstruktur ins Wanken. Für sie war eine größere Offenheit im Kindergarten sowohl unter den einzelnen Kindergruppen als auch unter den Mitarbeitern und zwischen ihr erstrebenswert.

Die Erzieher wehrten sich zunächst gegen diese Vorstellungen der Sozialpädagogin, weil sie den geordneten Kindergarten-Betrieb durcheinanderbrachte; allerdings waren sie bereit, zur Erhaltung der ihnen bekannten traditionellen Leitungsform verschiedene Aufgaben zusätzlich zu übernehmen.

Auf den ersten Blick wirkt es zunächst erstaunlich, daß sich die Sozialpädagogin den Vorschlägen der Erzieher anschloß, selbst eine Kindergruppe übernahm, die Leitungsaufgaben auf alle verteilte und reihum wechseln ließ. Doch im Verlauf zeigt sich, daß durch diese Form der Teamleitung die hierarchische Struktur im Kindergarten abgebaut wurde. Zugleich wurde dadurch mehr Kooperation und Offenheit notwendig, so daß durch die Erzieher selbst die pädagogischen Vorstellungen der Sozialpädagogin realisiert wurden, wenn auch anders, als diese beabsichtigt hatte.

Es müssen in diesem Team schon viele Erfahrungen im Miteinander existiert haben, sonst wäre diese Form von Leitung nicht möglich gewesen, bei der jeder selbstverantwortlich einen Teil der Leitungsaufgaben übernahm.

Der zu erwartende Konflikt bei Rückkehr der eigentlichen Leiterin blieb aus: Einerseits wird ihr ihre Position als Leiterin zuerkannt, andererseits sind die Leitungsaufgaben auf alle verteilt, anstehende Entscheidungen vom Team getroffen. Diese Form der kooperativen Kindergarten-Leitung wurde am Ende beibehalten. Vermutlich, weil in der Einrichtung nicht alles umgeändert werden mußte, die Leiterin jedoch nicht allein den Kindergarten führen konnte und dennoch nicht bei jeder Tätigkeit von der Zustimmung aller im Team abhängig war.

Wäre die Gewichtung der Leitungsaufgaben in einer anderen Form vorgenommen worden (z. B. halb Gruppenarbeit, halb Leitungsaufgaben bei allen), dann hätten sicherlich mehr Auseinandersetzungen stattfinden müssen, und das wäre vermutlich allen zu strapaziös gewesen. So aber waren alle recht zufrieden mit dem Verlauf ihrer Erfahrungen.

Aus ihrem traditionell geführten Kindergarten waren die Erzieher selbst über einen äußerst offenen und demokratischen Leitungsstil zu einer gemäßigteren kooperativen Leitungsform gelangt, bei der die Leiterin ins Team integriert war und die Erzieher an den Entscheidungen beteiligt wurden. Auf diese Weise war jeder informiert, jeder konnte entsprechend seinen Aufgaben am Kindergarten-Geschehen mitwirken und zugleich über dessen weiteren Verlauf mit allen verhandeln und entscheiden. Das schaffte bei allen Ausgeglichenheit und Arbeitseifer und folglich ein ausgewogenes Verhältnis unter den Mitarbeitern.

► *Möglichkeiten*

Die im vorgestellten Beispiel gemachten Erfahrungen der Erzieher mit verschiedenen Formen von Kindergarten-Leitung sind auch anderen Einrichtungen zu empfehlen.

Bisher ist es üblich, daß einer besonders qualifizierten sozialpädagogischen Fachkraft die Leitungsfunktionen im Kindergarten übertragen werden. Die Begründung dafür allein aus dem hierarchischen Organisationsprinzip des Kindergartens herzuleiten, reicht wohl auf Dauer nicht aus. Damit würde nämlich der Widerspruch zementiert, daß Erzieher sich zwar im Umgang mit Kindern, Eltern und Kollegen partnerschaftlich und kompetent verhalten sollen, daß sie dies jedoch im Hinblick auf die Leitung ihrer Einrichtung nicht dürfen bzw. angeblich nicht können.

Dabei bestätigen alle sozialpsychologischen und arbeitsökonomischen Erkenntnisse heute, daß nur ein Team von Fachleuten mit unterschiedlichen Fähigkeiten in der Lage ist, die gemeinsamen Aufgaben und Probleme umfassend zu lösen.

Insofern wäre als erster Schritt zumindest intern im Kindergarten auf die Entwicklung des Teams hinzuarbeiten. Damit könnten allmählich die wichtigsten Entscheidungsprozesse von der Spitze weg auf eine gemeinsame Basis verlagert werden, so daß sich die hierarchische Organisationsstruktur von selbst überholt.

Erfahrungen, wie sie die Erzieher im vorstehenden Beispiel mit der kollegialen Teamleitung machten, sind vermutlich für jedes Kindergarten-Team sehr hilfreich, um die eigenen Grenzen kennenzulernen. Wenn alle über alles informiert sein und über alles mitentscheiden müssen, dann ist das nicht nur sehr zeit- und personalaufwendig, sondern wahrscheinlich auf längere Zeit für alle nicht durchzuhalten. Insofern wird sich wohl meist immer am Ende eine gemäßigtere Leitungsform durchsetzen.

Wenn dagegen die Erzieher im Kindergarten bereit sind, einzelne gruppenübergreifende Aufgaben zu übernehmen, ohne jedoch ihre Arbeit in der Gruppe zu vernachlässigen, und wenn die Leiterin ihrerseits bereit ist, Leitungsaufgaben abzugeben und dafür begrenzt Aufgaben der Erzieher zu übernehmen, dann sind gute Voraussetzungen für eine kooperative Kindergartenleitung gegeben.

Dabei kann die Leiterin nach außen die Verantwortung für die Kindergarten-Arbeit ruhig übernehmen, weil alle innerhalb der Einrichtung sich verantwortlich an der gemeinsamen Arbeit beteiligen. Diese kooperative Leitungsform dürfte daher besonders effektiv sein.

▶ *Fazit*

Kindergarten-Leitung sollte unter Beteiligung aller stattfinden können, und zwar, ohne daß einseitig weder nur von einem oder nur von allen gemeinsam Entscheidungen getroffen werden müssen. Vielmehr basiert ein lebendiges Miteinander im Kindergarten auf persönlicher Offenheit, Durchschaubarkeit der Arbeit und der allgemeinen Bereitschaft, das Ganze miteinander zu verantworten.

▶ *Was meinen Sie?*

- Welche Möglichkeiten sehen Sie, die kooperative Leitungsform im Regelkindergarten einzuführen?
- Welche alternativen Leitungsformen könnten Sie sich angesichts der augenblicklichen Spar- und Streichungsbestrebungen im Kindergarten vorstellen?
- Wo würden Sie Schwierigkeiten sehen, wenn die kooperative Leitungsform für alle Kindergärten verbindlich eingeführt würden?

Aufbau von Teamarbeit im Kindergarten

Bei den bisherigen Überlegungen wurde davon ausgegangen, daß die Zusammenarbeit der Erzieher im Kindergarten trotz einzelner Schwierigkeiten funktioniert. Dort, wo dies nicht der Fall ist, muß im Kindergarten vor allem die Teamentwicklung vorangebracht werden.

Frau R. kam als Leiterin in den Kindergarten in G., in dem es nach Meinung des zuständigen Jugendamtsleiters recht chaotisch zugehen würde. Frau R. traf vier Erzieherinnen mit je einer Praktikantin an, die nach traditionellem Muster (Freispiel – Essen – Stuhlkreis) arbeiteten, einseitig kritisierend und verschlossen wirkten und bezüglich Zusammenarbeit recht anspruchslos waren. Gewöhnlich wurde lediglich zu Anfang und Ende des Kindergarten-Jahres sowie vor Weihnachten und Ostern Zeit für gemeinsame Überlegungen und Planungen angesetzt. Sonstige allgemeine Aufgaben hatte die ehemalige Leiterin allein übernommen.

Frau R. wollte diesen Arbeitsstil ändern und führte zunächst einmal wöchentlich Dienstbesprechungen ein. Sie war sich dabei bewußt, daß sie nur allmählich von seiten der Mitarbeiter Zustimmung und Unterstützung ihrer Bemühungen erwarten konnte. Zwar hatte sie im ersten Dienstgespräch Notwendigkeit und Gewinn dieser regelmäßigen Zusammenkünfte erläutert, doch sie hatte die üblichen Vorurteile von Zeitverschwendung usw. zu hören bekommen. Dennoch weigerte sich niemand, an den Dienstbesprechungen teilzunehmen.

Frau R. hatte sich für das kommende Jahr einen Plan gemacht. Sie wollte in dieser Zeit Schritt um Schritt immer mehr Kooperation erreichen. Sie bereitete daher für jede Dienstbesprechung im gesamten Besprechungsprogramm wenigstens einen Diskussionspunkt vor, der eine Entscheidung aller verlangte (z. B.: Sollen wir einen Betriebsausflug machen und wohin? Beteiligen wir uns aktiv am Straßenfest und wie? Sollen wir einen Elternbrief schreiben und was?).

In den jeweiligen Gesprächen versuchte Frau R. außerdem, bei allzu häufig geäußerter Kritik an Personen oder Sachverhalten bzw. deren einseitig negativer Interpretation zunächst einfach eine positive Deutung daneben zu setzen. Später ging sie dazu über, in der jeweiligen Situation das kritisierende oder abwertende Verhalten einzelner Kolleginnen vorsichtig anzusprechen, indem sie von der ärgerlichen oder distanzierenden Wirkung dieses Verhaltens auf sich selbst sprach.

Auch in Richtung auf gegenseitige Toleranz versuchte Frau R. Veränderungen: Hatte eine der Mitarbeiterinnen gesagt oder getan, was nicht sofort verständlich war, dann wurde schnell von den Kolleginnen Ungeduld oder Ablehnung geäußert. Die Leiterin steuerte in solchen Fällen dagegen, indem sie nachfragte, Verstandenes formulierte, andernfalls um Erklärungen bat und so lange zurückfragte, bis das Gemeinte für sie deutlich war. An manchen Stellen, wenn die eine oder andere Mitarbeiterin eine bestimmte Aufgabe aufgrund der gemeinsamen Absprache übernehmen sollte, es aber irgendwie nicht schaffte, dann bot Frau R. ihre Unterstützung an, und dabei versuchte sie humorvoll die Situation zu entschärfen.

Auf diese Weise veränderte sich langsam der Umgang der Mitarbeiter untereinander. Da außerdem von seiten der Eltern erste positive Rückmeldungen zum neuen Arbeitsstil im Kindergarten erfolgten, begann allen die Zusammenarbeit zu gefallen. Die Erzieher fingen an, sich gegenseitig mit Ideen anzuregen, einander auf bestimmte Bücher und Materialien hinzuweisen und sogar untereinander ihre einzelnen ausgearbeiteten Programme für die Gruppenarbeit auszutauschen. Einmal wurde sogar abends mit Ehemännern oder Freunden ein kleines Fest veranstaltet, um den Geburtstag von Frau R. zu feiern.

Als diese Phase der Kooperation erreicht war und nur noch dann und wann Probleme unter den Kolleginnen auftraten, versuchte Frau R., noch einen Schritt weiter zur eigentlichen Teamarbeit zu gelangen. Sie schlug vor, daß nun nicht mehr alle gemeinsam die Aufgaben und Probleme in den Dienstbesprechungen in Angriff nehmen sollten, sondern daß arbeitsteilig verfahren werden könnte. Nach längerer Überlegung waren alle einverstanden, daß jeweils zwei Erzieher gemeinsam einen Diskussionspunkt vorbereiteten, so daß dann darüber in der Dienstbesprechung selbst schneller und eingehender beraten werden konnte. Außerdem wagten sich die Mitarbeiter zögernd auch an die Übernahme von Teilaufgaben außerhalb ihrer Gruppe; obwohl sie zunächst befürchtet hatten, ihre Kinder kämen dann zu kurz.

Bei den Mitarbeitern kam allmählich ein neues, selbstbewußtes Verhalten, auch im Umgang miteinander, auf. Gerade die Stilleren von ihnen zeigten auf einmal mehr Aktivität; sie traten bestimmter auf, gingen direkter mit einer Frage oder Bitte auf die anderen zu und waren von sich aus an einer Klärung oder Lösung anstehender Sachverhalte interessiert. Bei Diskussionen nahm jeder die Argumente der anderen ernsthaft auf, setzte aber trotzdem die eigene Meinung mit Begründung dagegen, und dann wurde gemeinsam nach einer verbindenden Lösung gesucht.

Die Äußerungen der Erzieher wurden überlegter, ihr jeweiliger Standpunkt wurde zunehmend deutlicher, und jeder versuchte, seine Wünsche, Möglichkeiten und Grenzen klarer zu definieren. Frau R. fühlte sich als Leiterin nicht mehr als außenstehende Vorgesetzte, sondern sie wurde von den Mitarbeitern als Kollegin angenommen, die genau wie jede andere ihren Teil zum Gelingen der Kindergarten-Arbeit beitrug.

Als nun neulich die Kürzung der Kindergarten-Zuschüsse und damit unter Umständen die Schließung einer Gruppe im Kindergarten laut wurde, da stand im Team fest, daß sie zusammenhalten würden. Zur Not wollten sich zwei Erzieher eine Stelle teilen, damit niemand aussteigen mußte.

In unserem Beispiel konnten die Mitarbeiter eines Kindergartens durch die gezielten Bemühungen der Leiterin zur Teamarbeit geführt werden. Aus einem anfänglich verschlossenen und isolierten Verhalten der einzelnen Erzieher wurde allmählich eine offenere Zusammenarbeit aller, die dann später sogar zum arbeitsteiligen Vorgehen im Team führte. Durch entstehende zwischenmenschliche Kontakte (Fest zum Geburtstag, gegenseitige Unterstützung, Ideenaustausch) überwanden die Erzieher langsam ihr Einzelkämpfer-Dasein. Sie konnten Stück um Stück ihre Befürchtungen, dabei die Kinder zu vernachlässigen, zugunsten eines offeneren kooperativen Verhaltens aufgeben.

Vor allem waren Vorgehen und Einstellung der Leiterin entscheidend. Sie gab Impulse in den Dienstbesprechungen, ohne auf einmal zuviel zu verlangen. Sie unterstützte einzelne bei ihren Aktivitäten, besonders dann, wenn sie an eine persönliche Grenze gestoßen waren; sie kritisierte nicht wie die Erzieher, sondern sie lobte und setzte zunächst nur jeweils die positive Seite der Angelegenheit dagegen, später erst wies sie auf die negativen Auswirkungen hin. Außerdem versuchte sie, sich in den Teamprozeß zu integrieren, ohne jedoch direkt in den Kreis der Mitarbeiter einzudringen.

Die Folgen waren mehr individuelle Sicherheit und eine größere Vertrautheit auch zur Leiterin. Demzufolge konnten arbeitsteilig Aufgaben übernommen werden und entsprechende Diskussionen stattfinden, so daß die Kindergarten-Arbeit für alle durchschaubarer wurde. Es entstand vermehrte Kooperationsbereitschaft und Verantwortung für das Ganze.

Die Äußerung am Ende des Beispiels, daß sich zwei Erzieher bei Arbeitsplatz-Kürzung notfalls eine Stelle teilen würden, zeigt das solidarische Verhalten im Team. Dieses ist, besonders im Verhältnis zum Einzelkämpfer-Dasein der Erzieher am Anfang sehr hoch zu bewerten; d. h. am solidarischen Verhalten läßt sich der erfolgreiche Entwicklungsprozeß des Teams festmachen.

► *Möglichkeiten*

Nicht immer wird die Teamentwicklung im Kindergarten so harmonisch wie in dem dargestellten Beispiel verlaufen. Dennoch dürften drei Erkenntnisse allgemein übertragbar sein:

1. Teamarbeit kommt schrittweise zustande und bewirkt erst allmählich Kooperation.
2. Die Teamentwicklung darf von außen nicht mit Gewalt beschleunigt werden, sondern die jeweilige Leiterin muß im Entwicklungsprozeß des Teams mitgehen und von innen heraus Anstöße geben.
3. Es müssen positive Akzente in der Zusammenarbeit gesetzt und konkrete Ergebnisse angestrebt werden.

Ausgangspunkt für die Teamarbeit ist meist individuelle Verschlossenheit und isoliertes Handeln der Erzieher. Dieses Verhalten beruht vermutlich auf einer allgemeinen und speziellen Unsicherheit. Denn Erzieher lernen in ihrer Ausbildung in der Regel kaum Teamarbeit kennen.

Wichtig für eine erfolgreiche Teamentwicklung ist, daß nicht alles auf einmal von den Mitarbeitern verlangt wird, sondern daß Etappenziele festgesetzt und solche Anstöße gegeben werden, die eine gemeinsame Handlungs- bzw. Erfahrungsbasis schaffen. Die entstehende, größere Vertrautheit untereinander wirkt sich auch günstig auf das Verhältnis der Mitarbeiter zur Leiterin aus; vor allem, wenn sich diese eben-

falls auf einen persönlichen Lernprozeß einläßt und Aufgaben im Team übernimmt.

Eine Kindergarten-Leiterin, die ihre wichtigste Aufgabe im Aufbau von Teamarbeit sieht, sollte bemüht sein, sich selbst in den Entwicklungsprozeß des Teams hineinzubegeben. Sie kann dann keine herausragende Leitungsposition anstreben, sondern wird eher für immer neue Kooperationsmöglichkeiten und Entscheidungsvorgaben sorgen.

Die Anstrengungen aller, sich miteinander zu einem echten Team zu entwickeln, lohnen sich also, wie das Beispiel zeigte. Denn nicht nur die Kindergarten-Arbeit insgesamt erhält durch Teamarbeit eine einheitlich strukturierte Form, sondern auch der einzelne Mitarbeiter wird selbstbewußter, bekommt ein persönlicheres Profil durch seine freiwillig eingesetzte Aktivität. Gleichzeitig entsteht Freude am gemeinsamen Tun.

Dort, wo dieser Entwicklungsprozeß im Team trotz Anstrengung nicht in Gang kommt, wäre ein Supervisor oder Praxisberater von außen zu empfehlen. Dieser kann durch bestimmte Unterstützungsmöglichkeiten das Miteinander der Erzieher so fördern, daß allmählich durch mehr persönliche, soziale und berufliche Kompetenz des einzelnen ein Zusammengehörigkeitsgefühl untereinander, und damit Teamarbeit, entsteht.

Aufgrund dieser positiven neuen Möglichkeiten miteinander kann sich darüber hinaus sogar solidarisches Verhalten entwickeln, wie im Beispiel deutlich wurde. Dieses Verhalten dürfte insbesondere dann erfolgversprechend sein, wenn die sozialpädagogischen Fachkräfte auch in der Öffentlichkeit einheitlich handeln und beispielsweise ihre Interessen gemeinsam über einen Berufsverband vertreten würden.

► *Fazit*

Teamarbeit beinhaltet arbeitsteilige Kooperation. Sie ist für die Mitarbeiter im Kindergarten erfolgreich: Wenn eine individuell verantwortete Zusammenarbeit möglich ist und von allen unterstützt wird; wenn darüber hinaus die Leiterin ins Team integriert ist und die professionellen Interessen gemeinsam nach außen vertreten werden.

In der gegenwärtig schwierigen Kindergartensituation sind Erfahrungen im Team sehr wichtig, denn sie wirken ermutigend, stabilisierend und solidarisierend auf die Erzieher.

► *Was meinen Sie?*

- Was wäre geschehen, wenn die Mitarbeiter in dem angeführten Beispiel die Führung der Leiterin in der von ihr praktizierten Form nicht angenommen hätten?
- Was hätten Sie an Stelle der Leiterin dann unternommen?
- Wie könnten Sie als Gruppenerzieher die Zusammenarbeit im Kindergarten fördern?
- Welche Verhaltensweisen, Einstellungen und Intentionen gehören Ihrer Meinung nach zur Teamfähigkeit?

Balancieren als Leitungsziel im Kindergarten

Eine Leiterin, die aufgrund von Teamarbeit den Kindergarten führen will, muß sich auf eine von allen akzeptierte Zielvorstellung für diese Teamarbeit berufen können. Denn wenn die Mitarbeiter in kooperativer Form an der Leitung beteiligt werden sollen, dann ist eine gemeinsame Handlungsorientierung notwendig, die möglicherweise erst gefunden werden muß.

In einer Kindertagesstätte mit 5 Gruppen hatte sich Frau G., Erzieherin im Anerkennungsjahr, so gut eingearbeitet, daß alle im Team es bedauerten, als Frau G.'s Praktikumszeit zu Ende ging.

Da Frau G. keine Arbeitsstelle fand, hielt sie Kontakt zur Kindertagesstätte. Sie machte verschiedentlich Gruppenausflüge, Elternabende und Dienstbesprechungen mit. Als dort die Erzieherin einer Hortgruppe in Mutterschaftsurlaub ging, übernahm sie deren Vertretung auf das Angebot des Trägers hin.

Als diese Vertretungszeit für Frau G. ablief, wurde im Team beratschlagt, was getan werden könnte, um Frau G. ein zweites Mal den Abschied zu ersparen. Außerdem war sie aus finanziellen Gründen auf Arbeit angewiesen (ihr Mann studierte noch), und für die Hortkinder war Frau G.s Bleiben ebenfalls wichtig. Außerdem wurde sie von Eltern und Kollegen sehr geschätzt. Im Team übernahm sie häufig eine vermittelnde und klärende Funktion.

Der Träger war nicht bereit, Frau G. auf Honorarbasis weiter zu beschäftigen. Die Eltern um Finanzierung einer stundenweisen Arbeitsmöglichkeit für Frau G. zu bitten, erschien den Erziehern illusionär. Dennoch wollte niemand auf Frau G.s Mitarbeit verzichten, zum Teil auch deshalb nicht, weil zu eben dieser Zeit kein Praktikant in der Tagesstätte arbeitete, der die Gruppenerzieher entlasten konnte.

Dann kam die Leiterin bei einer Dienstbesprechung mit einer neuen Idee: Sie wollte auf privater Basis Frau G. ein Drittel ihres Netto-Gehalts abgeben, damit diese einzelne gruppenübergreifende Angebote im Kindergarten machte; die Leiterin wollte sich zum Ausgleich häufiger einige Stunden freinehmen. Frau G. war zunächst etwas betroffen über diesen Vorschlag. Sie wollte nicht auf Kosten eines anderen verdienen. Die Leiterin hingegen versuchte ihr verständlich zu machen, daß sie tatsächlich im Augenblick etwas mehr Zeit für sich selbst haben wollte, um nicht immer abends so erschöpft nach Hause zu kommen. Aber die Arbeit ganz aufgeben wollte sie auch nicht.

Eine junge Kollegin gestand daraufhin, daß sie in einem halben Jahr heiraten werde und anschließend gern auch weniger arbeiten würde. Sie könne sich dann vielleicht ja mit Frau G. ihre

Stelle teilen, so daß sie beide dann halbtags beschäftigt sein könnten.

Die übrigen im Team fanden die Vorschläge großartig. Denn ohne Praktikanten wären sicherlich alle bald ziemlich gestreßt. Wenn dann wenigstens morgens jemand zusätzlich da sein könnte, wäre das für alle eine Entlastung und dennoch brauche der Träger keine weitere Arbeitskraft zu finanzieren. Vielleicht hätte später der eine oder andere im Team auch mal das Bedürfnis nach reduzierter Arbeit, und dann könnte die Arbeitsverteilung wieder wechseln!

Die interne Absprache im Team wurde tatsächlich vom Träger gebilligt, einschließlich der späteren Umwandlung der einen Planstelle in zwei Halbtagsstellen. Frau G. blieb also in der Kindertagesstätte beschäftigt, die Leiterin war in ihrer Arbeitszeitgestaltung etwas freier und alle fühlten sich weniger belastet. Vor allem aber waren alle zufrieden, weil sie – auch menschlich gesehen – eine gute Lösung gefunden hatten.

Im vorstehenden Beispiel schaffte es das Erzieherteam einer Kindertagesstätte, trotz ungünstiger Bedingungen eine liebgewordene Praktikantin als Erzieherin und Mitarbeiterin zu halten.

Frau G., die auf einen Verdienst angewiesen war, arbeitete zunächst nach Beendigung ihres Anerkennungsjahres in der Kindertagesstätte freiwillig weiter mit, bis sie als Vertretung einer Kollegin im Mutterschaftsurlaub eingesetzt und später dann teilzeitbeschäftigt wurde.

In erster Linie waren sicherlich persönliche Qualitäten wie Anhänglichkeit, berufliches Interesse, Kooperationsfähigkeit und Durchhaltevermögen von Frau G. maßgeblich, die ihr am Ende zu einer Dauerbeschäftigung verhalfen. Aber auch die Kolleginnen in der Kindertagesstätte waren sehr für Frau G.s Bleiben: Einerseits wegen ihrer offenen und vermittelnden kollegialen Art, andererseits, weil ohne sie die Arbeit in den Gruppen für die einzelnen sehr belastend wurde.

Die Idee der Leiterin, die Beschäftigung von Frau G. durch finanzielle Umverteilung und Reduzierung der allgemeinen Arbeitsbelastung zu erreichen, wurde daher von allen bereitwillig unterstützt.

Darüber hinaus war auch der Träger an Frau G.s Mitarbeit interessiert: Einerseits hatte sie aus persönlichen Motiven unentgeltlich in der Kindertagesstätte ausgeholfen, andererseits brauchte er eine Urlaubsvertretung, und außerdem war er beruhigt, den ohne Praktikanten recht strapazierten und etwas unwilligen Mitarbeitern eine für ihn finanziell tragbare Entlastung bieten zu können.

Der Wunsch nach Beschäftigung von Frau G. kam den Interessen von drei Seiten entgegen, die jeweils aufgrund von persönlichen und beruflichen Erwartungen bzw. Anforderungen entstanden waren. Das heißt, die Anstellung von Frau G. kam erst zustande, als eine mittlere Lösungsmöglichkeit gefunden war (Halbtagsstelle), bei der alle drei Seiten etwas gewinnen konnten (Zeit, Entlastung, Geld oder Beruhigung). Es wurde also keine Extremlösung im Team gesucht, sondern es wurde ein ausgewogenes Verhältnis zwischen persönlichen und beruflichen Bedürfnissen angestrebt. Dieses ausgewogene Verhältnis führte zu einem Gleichgewicht im Team; es entstand vor allem durch individuelles Entscheidungsvermögen und gemeinsame Verantwortung, aber auch durch die Fähigkeit, sich jeweils in die Erwartungen der anderen im Team einzufühlen, sich von diesen jedoch wieder zu distanzieren und zudem gewisse Widerstände zu ertragen. Gehalten wurde dieses Gleichgewicht durch einen emotionalen Gleichklang der Mitarbeiter untereinander, bei dem keiner dem anderen persönlich zu nahe kam, aber auch keiner sich zuweit von den anderen distanzierte. Dieser Gleichklang bewirkte einen persönlichen Zusammenhalt im Team und brachte jedem Wohlwollen und eine gleichwertige Hochschätzung trotz unterschiedlicher Interessen und Bedürfnisse ein.

Dieses Ergebnis, die Balance im Team, beruhte auf einer kreativen und moralischen Leistung, die zu einer menschlich befriedigenden Lösung führte. Sie wurde in

Gang gesetzt durch die Idee der Leiterin, ein Drittel ihres Gehaltes abzugeben und dafür mehr Freizeit einzuhandeln. Sie bewies damit, ebenso wie die junge Kollegin, eine unorthodoxe Einstellung und Mut, zu ihren eigenen persönlichen Bedürfnissen zu stehen.

Die Folge war eine veränderte Struktur in der Einrichtung: Die Leiterin wurde mehr ins Team integriert; es gab zusätzliche gruppenübergreifende Angebote, und verschiedene Leitungsfunktionen mußten anders verteilt werden, weil die Leiterin ja nicht immer anwesend war. Außerdem verbesserte sich für alle Mitarbeiter im Team die Beziehung zu ihrer Arbeit, da sie deren Veränderung aus freien Stücken beschlossen hatten.

► *Möglichkeiten*

Es ist nicht jeder Kindertagesstätte eine plötzlich überzählige Kollegin zu wünschen; aber es wäre in jedem Team ein anhaltendes kooperatives und solidarisches Verhalten zu begrüßen.

Wenn eine gesunde Balance zwischen den verschiedenen Bedürfnissen und Erwartungen der einzelnen gehalten wird und alle sich an dieser Balance orientieren, dann kann in der Kindergarten-Arbeit trotz Vielfalt eine Einheit entstehen, bei der das Verhalten der Erwachsenen untereinander zum Modell wird für das Verhalten der Kinder. Wenn eine Leiterin sich zudem ins Team integriert und es schafft, aus der Balance mit den anderen die Arbeit im Kindergarten flexibel zu gestalten, dann können mit Recht alle Beteiligten zufrieden sein.

Ziel einer Kindergarten-Leitung sollte daher das Gleichgewicht im Team sein und nicht die rigide (starre) Aufgabenerfüllung.

Heute, angesichts einer angespannten Finanzsituation im Sozialbereich, wäre die Forderung, daß jeder ausgebildete Erzieher und Sozialpädagoge sofort einen Arbeitsplatz findet, eine Illusion. Allerdings wäre es für alle sehr ermutigend, wenn es mehr solcher Kindergarten-Teams gäbe, wie es im vorstehenden Beispiel beschrieben wurde. Daß diese im Team gefundene Lösung auch vom Träger akzeptiert wurde, ist sehr erfreulich, jedoch nicht allgemein üblich. Dennoch sollte das Beispiel Schule machen; d.h., es sollten sich vor allem mehr Kindergarten-Leiterinnen zur integrierten und kooperativen Leitungsform entschließen.

Keiner wollte in dem beschriebenen Beispiel auf seine Arbeit ganz verzichten, aber auch nicht alle wollten die von außen gestellten Anforderungen in vollem Umfang erfüllen; jeder wollte das mögliche Maß seiner Arbeit mitbestimmen, um seine persönlichen Bedürfnisse berücksichtigen zu können. – Dort, wo im Kindergarten diese Mitbestimmung, zumindest die Möglichkeit dazu, eingeräumt wird, kann individuelle Zufriedenheit und konkurrenzlose Zusammenarbeit entstehen. Denn der einzelne hat das Maß an Arbeit und Befriedigung, das er will bzw. akzeptieren kann, und deshalb muß er sich nicht mehr mit den anderen messen und mit ihnen darum kämpfen.

Ein Kindergarten-Team, dem es gelingt diese Balance sowohl zwischen individuellen und gemeinsamen Bedürfnissen als auch zwischen persönlichen und beruflichen Interessen zu halten und aus dieser Balance heraus den Kindergarten zu führen, ist autonom. Es werden dann sowohl die „vorgesetzte" Leiterin als auch der „kontrollierende" Träger überflüssig, da die betreffenden Personen in die jeweiligen Entscheidungsprozesse des Teams einbezogen werden.

Ein nächster Schritt in einem solchen Team wäre, möglicherweise auch die finanzielle Seite der Kooperation zu überdenken: Wenn alle an den Leitungsaufgaben beteiligt sind, ob dann der Gehaltszuschlag für die Leiterin nicht ebenfalls auf alle verteilt bzw. für besondere Zwecke (wie z.B. Supervision, Praktikantenunterstützung, Honorierung für Elterneinsatz) verwendet werden könnte?

Freilich: Die im vorstehenden Beispiel getroffene, menschlich sympathische Entscheidung der Erzieher sollte keinesfalls dazu anregen, Lösungen zu Lasten der bekannten Hilfsbereitschaft der in der Sozialpädagogik tätigen Menschen anzustreben, die den Trägern (Arbeitgebern) das Leben und Nachdenken erleichtern, wie sie ihre Verpflichtungen gegenüber ihren Arbeitnehmern nachkommen könnten (z. B. durch Arbeitszeitverkürzung, Job-sharing).

▶ *Fazit*

Wenn die Leitung eines Kindergartens von innen, aus dem Team heraus erfolgt, dann kann sie sich auf allgemein befriedigende kooperative Entscheidungen stützen. Sie ist nicht mehr angewiesen auf eine von außen angetragene Aufgabenerfüllung, sondern ihr Ziel ist, entsprechende Erwartungen und Anforderungen mit allen Beteiligten ins Gleichgewicht zu bringen und die entstandene Balance dann durch gemeinsame Anstrengung zu halten.

Die Realisierung dieser Balance geschieht einerseits ständig im Kindergarten-Alltag, andererseits in den wöchentlichen Dienstbesprechungen und gemeinsamen Planungen, wo diese Balance immer wieder neu und manchmal mühevoll miteinander ausgehandelt werden muß. Aber es lohnt sich, wie sich zeigte, vor allem auch für die Kindergarten-Leiterin, die ihre Vormachtstellung und Kontrollfunktion verliert, statt dessen aber offene, kreative und kooperative Unterstützung ihrer Arbeit durch die Mitarbeiter gewinnen kann.

▶ *Was meinen Sie?*

- Welche Zielvorstellungen hätten Sie für eine kooperative Kindergarten-Leitung?
- Warum stimmten nach Ihrer Meinung in diesem Fall hier der Träger der Entscheidung des Teams zu?

– Welche Konsequenzen könnte dieses Beispiel allgemein für den Berufsstand der Erzieher haben?

Zusammenfassung

In diesem letzten Kapitel wurden die Aufgaben einer Kindergarten-Leitung dargestellt. Dabei sollte deutlich werden, daß Allerweltsfunktionen im Kindergarten ebenso wie die spezifischen Leitungsfunktionen (Klären, Beraten, Organisieren und Delegieren) von allen im Team ausgeführt werden sollten. Dennoch wird eine freigestellte Kindergarten-Leiterin nicht überflüssig. Sie hat vielmehr aufgrund ihrer Freistellung von der Gruppenarbeit vorrangig sechs verschiedene Aufgabenbereiche (im Zusammenhang mit Kindern, Eltern, Mitarbeitern, Trägern, Institutionen und Behörden) wahrzunehmen.

Ihre wichtigste Aufgabe ist die Entwicklung von Teamarbeit, deren Ziel darin bestehen sollte, im Kindergarten ein gewisses Gleichgewicht zwischen einzelnen und gemeinsamen Interessen und Bedürfnissen herzustellen und zugleich selbstverantwortliches und solidarisches Verhalten der Erzieher untereinander zu ermöglichen.

Daß zur Umsetzung der hier dargestellten Kindergarten-Arbeit in vielen Einrichtungen manche Veränderungen erforderlich sind, dürfte eher motivieren als stören. Denn gerade in der derzeitigen Krisensituation können aus der unmittelbaren Betroffenheit der Erzieher heraus neue Impulse und Kräfte entstehen, die im Kindergarten-Bereich eine Umorientierung, Umstrukturierung und Umverteilung ermöglichen.

Dienstbesprechungen und gemeinsame Planungen im Team bekommen dabei einen hohen Stellenwert. Außerdem kann durch die sich entwickelnde Auseinandersetzung mit den Veränderungen für alle ein zusätzlicher persönlicher Lernprozeß stattfinden, der zugleich auf das berufliche Selbstverständnis der Erzieher und deren Professionalisierungsbestrebungen positiv zurückwirken könnte. Voraussetzung ist, daß die Erzieher gemeinsam motiviert sind, sich aktiv und selbstverantwortlich an der Gestaltung des Kindergartens zu beteiligen und sich dabei auch den aktuellen und politischen Problemen in der Öffentlichkeit zu stellen. Jedenfalls wäre das dem Kindergarten zu wünschen.

Bei der Darstellung der verschiedenen Aufgaben entstand hier vielleicht stellenweise ein zu ideales Bild der Kindergarten-Arbeit, das nicht auf die Realität zutrifft. Doch damit sich diese Realität verändern kann, sind Zielvorstellungen und Handlungsperspektiven meiner Meinung nach notwendig; sie zu diskutieren ist nun Aufgabe der Betroffenen.

Literaturhinweise und Anschriften

Bücher

Bader/Otto: Handbuch für Kindertagesstätten. Hamburg 1977.

Hedi Colberg-Schrader/Marianne Krug: Lebensnahes Lernen im Kindergarten. Zur Umsetzung des Curriculum Soziales Lernen. (Kösel) München 1980.

dies.: Arbeitsfeld Kindergarten. (Juventa) München 1977.

Hans-Herbert Deißler u. a.: Der Freiburger Modell-Kindergarten. Konzeption – Erfahrungen – Anregungen. (Kösel) München 1978.

Gk. Fatzer/D. Eck (Hrsg.): Supervision und Beratung. Köln 1990.

Helga Fischer: Identität in der Erzieherausbildung (Patmos) Düsseldorf 1980.

Ute Gerhardt/A. Schwarzer/V. Slupi (Hrsg.): Auf Kosten der Frauen. Frauenrechte im Sozialstaat. (Beltz Verlag) Weinheim und Basel 1988.

Rita Haberkorn/U. Hagemann/H. Seehausen: Kindergarten und soziale Dienste. (Lambertus-Verlag) Freiburg 1988.

Norbert Huppertz: Die Leitung des Kindergartens. Praktische Hilfen für eine verantwortungsvolle Aufgabe. (Herder) Freiburg 1986.

Helga Merker u. a.: Spielprozesse im Kindergarten. (Kösel) München 1980.

Ministerium für Arbeit, Gesundheit und Soziales des Landes Nordrhein-Westfalen (Hrsg.): Arbeitshilfen zur Planung der Arbeit im Kindergarten. Düsseldorf (1974).

Ministerium für Kultur und Sport Baden-Württemberg (Hrsg.): Lebensraum Kindergarten. (Herder) Freiburg 1981.

Hejo Manderscheid: Kirchliche und gesellschaftliche Interessen im Kindergarten. Freiburg 1989.

C. W. Müller: Wie helfen zum Beruf wurde. Bd. 2, Weinheim 1988.

Frithof Oertel (Hrsg.): Elementare Sozialerziehung. Praxishilfen für den Kindergarten. (Juventa) München 1982.
Harald Pühl: Angst in Gruppen und Institutionen. (Fischer-Tb.) Frankfurt/M. 1988.
Wolfgang Schmidtbauer: Helfen als Beruf. (Rowohlt) Reinbeck 1983.
Harald Seehausen: Familie zwischen modernisierter Berufswelt und Kindergarten. (Lambertus-Verlag) Freiburg 1989.
Vom Kindergarten zur Schule. Erprobte Wege der Zusammenarbeit von Erziehern und Lehrern. (Herder) Freiburg 1985.

Zeitschriften

Kinderzeit – Sozialpädagogische Blätter. (B & B Verlagsgesellschaft mbH) Paderborn.
Theorie und Praxis der Sozialpädagogik. (Luther) Bielefeld.
Welt des Kindes. (Kösel) München.
kindergarten heute. (Herder) Freiburg.
Unsere Kinder. (Österreichische Caritaszentrale) Wien.
Der Schweizerische Kindergarten. (Schweizerischer Kindergärtnerinnenverein) Mutschellen.

Berufs- und Fachverbände

Katholische Erziehergemeinschaft in Bayern e. V., Herzogsspitalstraße 13, 80331 München.

Berufsverband der Sozialarbeiter, Sozialpädagogen, Heilpädagogen (BSH) – Vereinigte Vertretung sozialpädagogischer Berufe e. V., Friedrich-Ebert-Straße 30, 45127 Essen.

Pestalozzi-Fröbel-Verband, Barbarossastraße 64, 10781 Berlin.

Verband evangelischer Erzieher und Sozialpädagogen e. V., Bäckerstraße 3, 23564 Lübeck.

Bundesvereinigung evangelischer Tageseinrichtungen für Kinder e. V., Stafflenbergstraße 76, 70184 Stuttgart.

Evangelische Bundesarbeitsgemeinschaft für Sozialpädagogik im Kindesalter, Stafflenbergstraße 76, 70184 Stuttgart.

Verband katholischer Tageseinrichtungen für Kinder – Berufsverband e. V., Karlstraße 40, 79104 Freiburg.

Gewerkschaft Öffentliche Dienste, Transport und Verkehr (ÖTV), Abteilung Sozialarbeit.

Gewerkschaft für Erziehung und Wissenschaft (GEW), Fachgruppe Sozialpädagogische Berufe.

Praxisbuch Kita
Für Ausbildung und Beruf

Sozial-emotionale Erziehung

Renate Klöppel / Sabine Vliex
Helfen durch Rhythmik
Verhaltensauffällige Kinder erkennen, verstehen, richtig behandeln
ISBN 3-451-26731-4

Armin Krenz
Wie Kinder Werte erfahren
Wertevermittlung und Umgangskultur in der Elementarpädagogik
ISBN 3-451-26504-4

Gerda Lorentz
Freispiel im Kindergarten
Chancen seines bewussten Einsatzes
3-451-26729-2

Sylvia Näger
Kreative Medienerziehung im Kindergarten
Ideen - Vorschläge - Beispiele
ISBN 3-451-26763-2

Alexander Sagi
Verhaltensauffällige Kinder im Kindergarten
Ursachen und Wege zur Heilung
ISBN 3-451-27087-0

Uta Hellrung
Sprachentwicklung und Sprachförderung
Ein Leitfaden für die Praxis
ISBN 3-451-27784-0

Wolf-Wedigo Wolfram
Hyperaktive und unruhige Kinder im Kindergarten
Hilfen für Erzieherinnen
ISBN 3-451-26965-1